Margrit Sulzberger

Kochen für Kinder mit ADHS

Symptome, Behandlung und 100 Rezepte für die ganze Familie

AT Verlag

Dieses Buch ist eine vollständig überarbeitete, ergänzte und aktualisierte Neuauflage des 2002 unter dem Titel »Kochen für hyperaktive Kinder« erschienenen Buches von Margrit Sulzberger und Sonja Hutter.

AT Verlag, Aarau und München
Umschlagbild: Andreas Thumm, Freiburg i.B.
Fotos: Andreas Thumm, Freiburg i.B.: Seite 57, 62, 69, 75, 79, 80, 91, 97, 111, 113, 119, 120, 123, 125, 129, 135, 139, 144, 152, 155
Claudia Albisser Hund, Mantry: Seite 59, 60, 71, 72, 83, 86, 89, 92, 95, 98, 103, 104, 107, 136, 151
Bildaufbereitung: Vogt-Schild Druck, Derendingen
Druck und Bindearbeiten: Andersen Nexö, Leipzig
Printed in Germany

ISBN 978-3-03800-852-1

www.at-verlag.ch

Inhaltsverzeichnis

Vorwort

Die Hauptverantwortung und damit auch die Hauptlast tragen die Mütter

Dieses Buch ist 2002 erstmals erschienen; für die vorliegende Neuauflage wurde es vollständig überarbeitet und aktualisiert.

Sowohl Sonja Hutter, die Verfasserin der Rezepte in diesem Buch, langjährige Mitarbeiterin der früheren Phosphatliga, und auch ich sind schon im Großmutteralter. Wir hatten beide hyperaktive Kinder bzw. Enkelkinder zu einem Zeitpunkt, da man den Zusammenhang zwischen Ernährung und Verhaltensstörung noch nicht kannte. Man war damals der Meinung, Kinder mit abweichendem Verhalten seien durch einen Sauerstoffmangel während des Geburtsvorgangs geschädigt worden und litten unter einem sogenannten Hirnsyndrom, was auch immer das heißen sollte. Ich versuchte, meinem Kind über verschiedene Psychotherapien zu helfen – ohne großen Erfolg. Heute ist mir klar, weshalb dies nicht funktionieren konnte, solange wir unseren Kindern weiterhin künstliche Süßstoffe, saure Fruchtsäfte, Milchprodukte, Wurstwaren und andere ihre Allergie fördernde Lebensmittel gaben. Ich selbst hatte schon immer einen Biogarten und ernährte meine Familie nach Nelly Hartmann, einer Ernährungspionierin, die sich weitgehend an die Lehre Bircher-Benners anlehnte; Vegetarier waren wir aber nicht. Meine Kinder aßen täglich den vermeintlich so gesunden Joghurt, es gab oft Käse (am liebsten Raclette und Fondue) und selbstgemachtes Eis – dies im Glauben, die Kinder gesund zu ernähren. Eines meiner fünf Kinder war hyperaktiv, die anderen vier hatten Neurodermitis, Heuschnupfen, chronischen Schnupfen und Asthma.

Das hyperaktive Kind war eine Belastung für das ganze Familienleben. Manchmal hatte ich das Gefühl, es hänge allein von seinem Verhalten ab, ob wir einen friedlichen oder einen schrecklichen Tag hatten. Die meisten Tage waren aufreibend – und das ohne Pausen vom zweiten Lebensjahr bis nach der Pubertät. Das frustrierende Gefühl, seinem Kind nicht helfen zu können und gleichzeitig das Ziel seiner unablässigen aggressiven Attacken zu sein, war für mich ein eigentlicher Psychoterror. Ich hatte weder von meinem Mann noch von sonst jemandem Unterstützung. Damals galt noch allgemein das Unvermögen der Mutter als alleinige Ursache der Lebensschwierigkeiten ihrer Kinder. Mein Mann war als Allgemeinpraktiker mit einer großen Praxis körperlich wie psychisch am Rande seiner Belastbarkeit und kümmerte sich deshalb sehr wenig um die Kinder. Ich fühlte mich mit meinen Problemen allein gelassen.

Dr. Vera Biber beschreibt in ihrem sehr empfehlenswerten Buch »Hilfe, mein Kind ist unerziehbar!« ihr Leben mit einem hyperaktiven Sohn. Als ich es bei den Vorbereitungen auf dieses Buch las, erlebte ich all die schrecklichen und zeitweise hoffnungslosen Momente, Tage, Monate, Jahre mit meinem hyperaktiven Kind wieder. Wenn sie schreibt: «Egal was ich tat und wie viel Mühe ich mir auch gab, am Ende schien ich immer auch noch die Schuldige zu sein, weil alle Versuche fruchtlos blieben» oder: «Es tat so weh, mir eingestehen zu müssen, dass ich ihn zeitweilig einfach nicht aushalten konnte und dass mich schon jetzt schlimme Zukunftsvorstellungen beschlichen», so habe ich das seinerzeit selbst immer wieder gedacht. Das Einzige, was mir in meiner verzweifelt einsamen Situation durchzuhalten half, war der Gedanke, dass Gott uns ein schwieriges Kind geschickt hatte, das die Chance brauchte, in einer guten Familiensituation aufzuwachsen, und dass es unsere Aufgabe war, ihm Geborgenheit und Liebe zu schenken, damit es einen guten Start ins Leben bekam. Aus heutiger Sicht sieht dies natürlich völlig anders aus, denn ich habe – wenngleich ohne mein Wissen – durch eine vermeintlich gesunde Ernährung bei meinem Kind diese Krankheit gefördert. Das einzugestehen ist bitter, doch es ist nicht mehr reversibel, und ich fühle mich deshalb auch nicht mehr schuldig, wohl aber traurig.

Es ist mir ein Anliegen, den vielen Müttern, die in derselben verzweifelten Lage sind, ein hyperaktives Kind großziehen zu müssen, mit diesem Buch zu helfen. Nach jahrzehntelangen Erfahrungen im Umgang mit Allergien weiß ich allerdings: Es gibt heutzutage kaum etwas Schwierigeres, als Kindern eine Ernährung zu geben, die sie nicht krank macht. Alles in unserer Umgebung ist darauf ausgerichtet, uns diese Aufgabe zu erschweren:

- **die Lebensmittelindustrie mit ihren wertlosen, schädlichen, aber wohlschmeckenden Produkten, insbesondere den Süßigkeiten und Fertigprodukten, die voller Zucker, chemischer Zusatzstoffe und Milchpulver sind,**
- **unverständige Bekannte und Freunde,**
- **Schulen, in welche die Kinder Süßigkeiten und anderen Ramsch mitbringen, die auch für unsere Kinder so verlockend sind,**
- **Kinder-Geburtstagspartys, wo nur Gummibärchen, bunte Schokoladeplätzchen und Ähnliches konsumiert werden,**
- **und – last but not least – der Unverstand der Ärzte und Therapeuten, die immer noch negieren, dass die Ernährung die Hauptursache von Hyperaktivität ist.**

Die Hauptlast der Ernährungsumstellung muss die Mutter auf sich nehmen, und dies meistens in einer Situation, in der sie selbst schon am Rande ihrer Belastbarkeit steht. Ist sie außerdem noch berufstätig und hat keine Zeit zum Kochen, ist die Aufgabe schier unlösbar.

Eine gute Unterstützung bietet der Anschluss an eine Selbsthilfegruppe (siehe Adressen), in der andere betroffene Eltern Hilfe, Verständnis und viele gute Tipps beisteuern können, diesen schwierigen Lebensabschnitt durchzustehen, und einem immer wieder den Rücken zu stärken.

Nun wünsche ich Ihnen viel Mut und Kraft, damit es Ihnen gelingt, Ihrem Kind die nötige Hilfe zu geben und diese unsägliche Belastung loszuwerden.

ADHS, ADHD, HKS, POS – eine Krankheit mit vielen Namen und vielen Gesichtern

Die gebräuchlichsten Begriffe

Seit Jahrzehnten gibt es immer mehr Kinder, die durch ihr auffälliges Verhalten sowohl den Eltern wie in der Schule Schwierigkeiten bereiten. Und ebenfalls seit Jahrzehnten versucht man, dem Phänomen auf die Spur zu kommen.

Das 20. Jahrhundert war das Jahrhundert der Psychoanalyse, und so versuchte man, diese Kinder erst einmal mit psychologischer Behandlung »gesellschaftskonform« zu machen. Mit der Zeit aber mehrten sich die Erkenntnisse, die darauf hindeuteten, dass die Mehrzahl der auffälligen Kinder unter Allergien und Lebensmittelunverträglichkeiten leidet.

Es ist jedoch immer noch so, dass diese Störungen je nach Sichtweise anders interpretiert werden: Die Psychologen versuchen den Kindern vor allem mit Verhaltenstherapien zu helfen, Schulmediziner behandeln sie in der Regel mit Ritalin (einem Amphetamin), Naturheilärzte betrachten die Krankheit eher als Allergie und setzen dort die Behandlung an – und jede Gruppe hat diesen Störungen wieder einen anderen Namen gegeben, weshalb ein und dasselbe Krankheitsbild unter vielen Begriffen bekannt ist.

Die heute gängigsten Bezeichnungen sind:

- **ADHS, ADHD, ADD – Attention Deficit Hyperactive Syndrome bzw. Attention Deficit Hyperactive Disorder (Aufmerksamkeits-Störungs-Syndrom, ASS, oder Aufmerksamkeitsdefizit-Syndrom, ADS)**
  Diese Begriffe werden vor allem in den USA und von der WHO (Weltgesundheitsorganisation) verwendet und haben sich weltweit durchgesetzt.

- **POS – Psychoorganisches Syndrom**
  Bezeichnung, die vor allem in der Schweiz verwendet wird bzw. wurde.

- **HKS – Hyperkinetisches Syndrom**
  Besonders in Deutschland gängige Bezeichnung.

- **MCD – Minimale cerebrale Dysfunktion (MBD – Minimal Brain Dysfunction)**
  Ein früher verwendeter Begriff.

@ **Teilleistungsschwächen – Legasthenie, Dyskalkulie**
Nach unserer Auffassung gehören auch die Teilleistungsschwächen zum großen Kreis des Krankheitsbilds der Hyper-/Hypoaktivität.

Wie wir im nächsten Kapitel sehen werden, bezeichnen die obigen Begriffe alle dasselbe Krankheitsbild der **Hyperaktivität** bzw. **Hypoaktivität**. Deshalb werden wir in diesem Buch auch den allgemeinen Oberbegriff verwenden.

Welches sind die Symptome bei hyperaktiven Kindern?

Seit der Frankfurter Nervenarzt Heinrich Hoffmann 1845 in seinem Kinderbuch »Struwwelpeter« den klassischen Zappelphilipp beschrieben hat, beschäftigt dieses Krankheitsbild des unangepassten und schwer erziehbaren Kindes zunehmend Eltern und Schulen. Nicht von ungefähr sprach Hoffmann damals vom Zappelphilipp als einem Jungen, sind doch Mädchen von dieser Störung viel weniger betroffen.

Bereits bei Kleinkindern kann die Krankheit auftreten. Ein Artikel im »Journal of the American Medical Association«, einer sehr renommierten amerikanischen Ärztezeitschrift, berichtete in der Nummer 283, 2000 (Seite 1025–1030 und 1059–1060), dass ein hoher Prozentsatz der amerikanischen Kleinkinder zwischen 2 und 4 Jahren (!) sogenannte psychotrope Medikamente schlucken. Nämlich: 12,3 von 1000 Kindern erhalten Stimulanzien (Ritalin), 3,2 von 1000 Kindern schlucken Antidepressiva, und 2,3 von 100 Kindern nehmen Clonidil, ein zentral wirksames Medikament zur Blutdrucksenkung, das ebenfalls zur Behandlung hyperaktiver Kinder eingesetzt wird.

Dabei ist zu beachten, dass diese Medikamente die Kinder keineswegs von ihren Verhaltensstörungen heilen, sondern nur die Symptome lindern; obendrein muss mit erheblichen Nebenwirkungen und Spätfolgen gerechnet werden.

Man sieht aus dieser Mitteilung, dass offenbar schon Kleinkinder mit Medikamenten »ruhig gestellt« werden. Und aus eigener Erfahrung und Beobachtung wissen wir ebenso wie betroffene Mütter sowie Autoren und Autorinnen zu diesem Thema: Die Verhaltensstörungen von Kindern nehmen in jeder Altersklasse bedrohlich zu. Die Spitze dieser Störungen tritt in Form von Gewaltanwendung zutage: Gewalt in der Familie, Gewalt unter Kindern, Gewalt in der Schule.

Sehen wir uns nun zuerst die Symptome an, welche die Hyper- bzw. Hypoaktivität in den verschiedenen Altersstufen vom Kleinkind bis zum Jugendlichen hervorrufen kann und anhand derer man die entsprechende Diagnose stellen kann. Denn auch hier gilt: zuerst die Diagnose, dann die Behandlung.

Bei Verhaltensauffälligkeiten kann die Hirnfunktionsstörung sowohl als Hyperaktivität, als Hypoaktivität wie auch als beides gleichzeitig auftreten.

Säugling/Kleinkind

Körperlich

- Schlafstörungen: nur ganz kurze Schlafphasen oder viel längere Schlafphasen als normal
- Bauchkrämpfe, Koliken schon während der Stillzeit
- Hautprobleme (wunder Po, Ekzeme, z. B. in Ellenbeuge/Kniekehle, Milchschorf)
- Verdauungsprobleme: Durchfall oder Verstopfung
- Häufige Erkältungen, laufende Nase, Hals-Nasen-Ohren-Krankheiten
- schon mehrere Antibiotika-Behandlungen erhalten
- Atembeschwerden: häufig Bronchitis, Asthma, Pseudokrupp
- Fieberkrämpfe
- massive Reaktionen auf Impfungen
- grobmotorische Störungen (z. B. Gehen erst nach 18 Monaten)
- ungeschickt mit Armen und Beinen
- feinmotorische Störungen (Lispeln, Schielen, ungeschickt mit Fingern, kann nicht ausmalen)
- Überspringen der Krabbelphase, kann nicht kriechen
- schon früh keinen Mittagsschlaf mehr

Psychisch

- nach dem Abstillen Verhaltensauffälligkeiten: häufiges Schreien, ohne beruhigt werden zu können
- »3-Monats-Lächeln« fehlt oder verschwindet nicht mehr
- chaotisches oder stereotypes Verhalten beim Spielen, kann sich nur ganz kurz allein beschäftigen, »räumt immer nur aus«
- vermeidet Körperkontakt oder klammert sich extrem an die Mutter
- fast immer verstimmt, weinerlich, quengelig, unruhig
- aggressiv gegenüber allen und allem
- reagiert verkehrt auf Beruhigungsmittel (Baldrian, Codein usw.)
- schaukelt oder schlägt mit dem Kopf (Selbststimulierung)
- übermäßig ängstlich oder sieht keine Gefahren
- Sprachentwicklung verspätet oder gestört
- fordert ständig Zuwendung, Unterhaltung
- Trotzphase will nicht enden, häufige grundlose Wutausbrüche
- respektiert keine Grenzen, kein Nein, gehorcht nie
- lernt nicht aus Erfahrungen (Gefahren, Verletzungen)
- bei Fieber (ohne Medikamente) auffallend ruhig
- Leerlaufspiele: beschäftigt sich nur scheinbar gut allein
- muss stets mehrmals gerufen werden, hört nicht

Schulkind

Körperlich

- nässt oder kotet bis ins Schulalter ein
- extrem häufig erkältet, Hals-Nasen-Ohren-Krankheiten
- offen stehender Mund (evtl. verdickte Nasenschleimhäute)
- Muskelkrämpfe, besonders in Ruhestellung
- bei Fieber (ohne Medikamente) ungewöhnlich ruhig, ansprechbar, vernünftig
- kommt abends nicht zur Ruhe
- unter- oder übergewichtig

Grobmotorik, Feinmotorik, Körpergefühl

- linkisch, auffallend viele Unfälle, unvorsichtig, ungelenk
- spürt Unterkühlung (beim Baden, im Regen, Schnee) und Hunger lange nicht
- überaus schmerzempfindlich oder wie schmerztaub
- zappelig, unruhig beim Sitzen (am Tisch, in der Schule)
- merkt nie, wenn es schmutzige Hände oder Kleider hat
- außerordentlich empfindlich auf Gerüche, auf hohe Töne
- Mühe mit Feinarbeiten (Schreiben, Zeichnen, Basteln)

Essen

- isst am Tisch fast nichts, hat dafür den ganzen Tag über Hunger
- sehr extreme Vorlieben, lebt z. B. am liebsten von Brot mit Konfitüre und Ovomaltine
- »verschleckt«, isst keine Früchte und schon gar kein Gemüse
- Schlingen, isst riesige Mengen, schlechte Verwertung

Schule

- Konzentrations- und Aufmerksamkeitsstörungen
- Sprachschwierigkeiten (Aussprache, Grammatik)
- Teilleistungsschwächen wie Lese-Rechtschreibe-Schwäche (Legasthenie), Rechenschwäche (Dyskalkulie)
- Wahrnehmungsstörungen: sieht, hört, spürt vieles anders als normal
- Abstraktionsfähigkeit geringer, verspätet
- kein Durchhaltevermögen, keine Ausdauer
- gegen Ende der Arbeiten (z. B. Diktat) am meisten Fehler
- Schrift fast unleserlich, chaotisch, Schulhefte unordentlich
- schreibt nicht auf die Zeilen bzw. in die Kästchen
- immer Unordnung in Schultasche, Pult, bei den Kleidern
- vergisst und verliert ständig etwas
- kommt meistens (zu) spät

- hört nur zu, wenn persönlich angesprochen
- kleinlich genau in Details, aber verliert den Überblick
- packt nicht an, schiebt weniger Lustvolles hinaus (Antriebsstörung)
- Schuleschwänzen

Psychisch

- kennt weder Rücksicht noch Einsicht, Vorsicht, Umsicht, Voraussicht
- leicht ablenkbar, zerfahren, extrem reizoffen
- stimmungslabil, »Berg-und-Tal-Bahn«
- schlechtes Selbstwertgefühl
- fixe Ideen, wie besessen von etwas (zwanghaft)
- fühlt sich schnell betroffen (»immer ich«)
- malt meist mit dunklen Farben, Grundstimmung: unfroh
- Langeweile
- neigt zum Klassenclown

Soziales

- nicht »gruppentauglich«, Einzelgänger, eckt überall an
- benimmt sich bei/auf Besuch unmöglich, verdirbt jede Feststimmung
- hat keinen richtigen Freund/Freundin
- nimmt keine Rücksicht auf Bedürfnisse anderer
- kann sich nicht in andere versetzen
- spürt, respektiert keine Intimsphäre
- scheu, zurückgezogen, nimmt schwer Kontakt auf
- überrennt alle Grenzen (distanzlos)
- hält keine Regeln ein
- kann nicht verlieren

Selbstkontrolle

- oft aggressiv, mangelnde Impulskontrolle
- oft Wutausbrüche ohne triftigen Grund
- kann nicht gehorchen, erträgt kein Nein
- will alles und sofort
- keine Geduld, niedrige Frustrationstoleranz
- zerbricht, zerstört viel
- große Pläne – Durchführung in den Sternen
- extrem Mühe mit Ordnung jeder Art
- kann nicht leise sprechen
- Redeschwall (Logorrhoe), auch mit Obszönitäten (Tourette-Syndrom)
- Zärtlichkeiten arten stets in Grobheiten aus
- von Feuer und Wasser angezogen, Spielen mit Feuer

- lernt nicht aus gemachten Erfahrungen
- großer Widerstand gegenüber Veränderungen
- trödelt endlos, kein Zeitgefühl
- schlechte Orientierung im Raum (Stadt, Wald)
- kann Geld und Zeit nicht einteilen
- kann Mein und Dein nicht unterscheiden (stehlen)
- verdreht die Fakten zu seinen Gunsten (lügen)
- merkwürdige Eigenarten, Ticks (schneidet Fratzen, blinzelt, grunzt, knirscht mit den Zähnen usw.)
- Aufmerksamkeitsdefizit: merkt vieles nicht, was um es herum geschieht
- spielt oft nicht mit, zieht sich aus der Gruppe zurück

Jugendliche

Außer der körperlichen Unruhe (Zappeln) gelten die meisten der obigen Merkmale – trotz verbesserter Selbstkontrolle – auch für das Jugendalter.

- Langeweile
- Antriebsstörung (»Null-Bock-Stimmung«), Herumhängen, Schwänzen
- kommt abends nicht zur Ruhe, steht morgens nicht auf
- Verstimmtheit, Misslaunigkeit, Depressivität
- Konflikte mit der Polizei, mit dem Gesetz
- ist meistens zu spät
- ist immer pleite
- suchtgefährdet oder süchtig
- Streunen, viele lose Gruppenkontakte
- aggressive Konflikte, Prügeleien
- besonders gefährliche Sportarten
- keine oder extrem starre Normen
- Selbstüberschätzung oder Mutlosigkeit
- anerkennt keine Autoritäten, Normen
- zeitweise gewissenlos, keine Ethik
- Ordnung halten ist immer noch ein Thema
- meist »außer sich«, selten er/sie selbst
- intolerant, enger Horizont

Wichtig:
Kein hyperaktives Kind hat sämtliche der obigen Symptome! Wenn aber etwa ein Drittel dieser Merkmale bei Ihrem Kind häufiger vorkommen als üblich, ist sein Verhalten auffällig. Der Grund dafür könnte ein gestörter Stoffwechsel (Allergien, Unverträglichkeiten) sein.

Als Mutter oder Vater eines hyper- oder hypoaktiven Kindes werden Ihnen viele der genannten Symptome sehr bekannt vorgekommen sein. Mit jeder Garantie wird Ihr Leben mit einem solchen Kind nicht leicht sein, und wahrscheinlich haben Sie schon viele Besuche bei Ärzten und Psychologen hinter sich. Wenn Sie Glück haben, erkennt und akzeptiert ihr Ehemann/ihre Ehefrau die Tatsache, dass Ihr Kind eine Behandlung braucht; wenn nicht, ergeht es Ihnen, wie es seinerzeit mir erging, als mein Ehemann nach einer missglückten und frühzeitig abgebrochenen Familientherapie kurzerhand erklärte: »Der Bub ist schon recht, aber Du spinnst.« Oder wie Freundinnen mir zu verstehen gaben: »Du mit Deiner feministischen Einstellung kannst mit Buben eben nicht richtig umgehen.« Ich war mit meinen Schwierigkeiten völlig isoliert. Damals, vor über dreißig Jahren, gab es auch noch keine Selbsthilfegruppen, und das Krankheitsbild war nicht als solches anerkannt. Schwererziehbarkeit galt damals noch in erster Linie als Erziehungsunfähigkeit der Mutter.

Heute hat sich das glücklicherweise geändert, und die Mütter haben – auch psychisch – andere Möglichkeiten, mit den Schwierigkeiten ihrer Kinder umzugehen. Eine meiner Patientinnen erzählte mir letzthin, sie hätte ein invalides Kind. Als ich sie nach der Krankheit des Kindes fragte, sagte sie, es sei hyperaktiv. Sie hatte erkannt, dass es viel leichter ist, mit einem Kind zurechtzukommen, wenn sein auffälliges Verhalten keine Charakteranomalie ist, sondern als Behinderung bezeichnet werden kann. Da man sehr oft das Ziel der Aggressivität dieser Kinder ist, kann man dann eine ganz andere, neutralere Haltung einnehmen und ist nicht immer persönlich davon betroffen oder gar beleidigt.

Besonderen Einblick in das Verhalten dieser Kinder bietet das Buch von Dr. Vera Biber, »Hilfe, mein Kind ist unerziehbar« (1999), in dem sie ausführlich beschreibt, wie sehr das Verhalten ihres Kindes ihre Gefühle als Mutter zeitweise strapazierte und wie diese daher gar nicht immer liebevoller Art waren. Sie zeigt darin auch eindrücklich, wie sie durch Versuche selbst darauf gekommen ist, auf welche Produkte ihr Kind mit ausfälligem Verhalten reagierte und welche es gut vertrug.

Noch einmal: Der Grad der Erkrankung und damit auch die Anzahl der auftretenden Symptome ist von Kind zu Kind verschieden. Erschwerend kommt hinzu, dass es Zeiten geben kann, in denen Ihr Kind keinerlei Symptome zeigt; bei Nichtbehandlung sind diese »störungsfreien« Zeiten allerdings nur kurz.

Ein Wort zur Hypoaktivität im Speziellen

Da der Anteil hyperaktiver Kinder deutlich größer ist und sie viel mehr auffallen und für Eltern wie auch in der Schule schwierigere Mitmenschen sind als hypoaktive Kinder, geht das gegenteilige Erscheinungsbild der Krankheit, die

Hypoaktivität, leicht vergessen. Susanne Stoll-Kellenberger vom früheren AEV (Arbeitskreis Ernährung und Verhalten) beschreibt im »Kursbuch Eltern. Das hyperaktive Kind« von Dr. Calatin das Verhalten dieser Kinder wie folgt: »Die hypoaktiven Kinder fallen lange nicht auf, stören nicht, beschäftigen sich weitgehend mit sich selbst und werden damit als lieb, weil problemlos, empfunden. Sie bringen das soziale Gefüge erst durch ihre Passivität, Weigerung und ihren Trotz durcheinander, der sich auch in unbändigen, schwer nachvollziehbaren Zornesausbrüchen äußern kann. (...) Die Friedfertigkeit kommt bloß durch die Unfähigkeit, sich zu wehren, zustande.« Und: »Der Daumenlutscher ist in sich zurückgezogen und stimuliert sich selbst, vielleicht auch durch Haaredrehen, mit dem Körper schaukeln oder dem Kopf schlagen. Er kann als Sinnbild des Kindes mit den autistischen Zügen gelten.«

Weiter hält Stoll-Kellenberger fest: »Gemeinsam mit den hyperaktiven haben die hypoaktiven Kinder die Störung in der Ansprechbarkeit und der Konzentration, die einen, weil sie fast ständig von Reizen überschwemmt werden, die anderen, weil sie zu wenige Reize hereinlassen können.«

Auch bei hypoaktiven Kindern kann der Stoffwechsel über eine gezielt eingestellte Ernährung Hirnfunktionsstörungen korrigieren (siehe Seite 44ff.).

Können auch Erwachsene an Hyper-/Hypoaktivität leiden?

Bereits in der »Weltwoche« vom 15. März 2001 zitiert die Autorin Barbara Lukesch die POS-Spezialistin Lislott Ruf: »Für die meisten Psychiater und Psychologinnen ist POS bei Erwachsenen hierzulande kein Thema.« Die Beteuerung, Hyper- bzw. Hypoaktivität wachse sich in der Pubertät aus, gehöre zum therapeutischen Repertoire wie das Amen in der Kirche. Dabei zeigen laut amerikanischen Studien zwischen fünfzig und achtzig Prozent aller Betroffenen auch im weiteren Verlauf ihres Lebens ein partielles oder gar vollständiges Krankheitsbild. Übertragen auf die erwachsene Bevölkerung bei uns heißt das: Rund fünf Prozent der Erwachsenen leiden unter Symptomen von Hyper- oder Hypoaktivität. In den Vereinigten Staaten ist dieses Wissen seit Jahren fest etabliert. Fachpublikationen und Kongresse nehmen sich der Thematik an; zahlreiche Selbsthilfegruppen wurden ins Leben gerufen. Bereits 1994 widmete das Magazin »Time« den erwachsenen Betroffenen eine Titelgeschichte und führte Winston Churchill, Albert Einstein und Bill Clinton als denkbare Fallbeispiele an.

Erfahrungberichte von betroffenen Erwachsenen

In dem oben erwähnten »Weltwoche«-Artikel berichtet ein heute 44-jähriger Mann, dass er auch noch als Erwachsener deutliche Symptome eines frühkindlichen Psychoorganischen Syndroms habe. Eines davon sei die verzögerte Reifung. Mit zwanzig Jahren habe er ein Selbstbewusstsein gehabt, über das normalerweise Zwölfjährige verfügen. Auch jetzt leide er noch immer unter Sprunghaftigkeit im Denken, mangelnder Impulskontrolle, nicht zu bremsendem Redefluss – im Fachjargon Logorrhoe, »Sprechdurchfall«, genannt – und innerer Unruhe, die sich etwa in hektischem Wippen eines Fußes äußern kann. Dazu kommen sogenannte Sekundärsymptome, Reaktionsmuster, die sich in der Folge seiner Krankheitsgeschichte eingestellt haben: Stimmungsschwankungen, Unsicherheit im Umgang mit Menschen und ein tief sitzendes Minderwertigkeitsgefühl, das nicht zuletzt daraus resultiert, dass er als KV-Absolvent heute als Hilfsmaler arbeitet und seine intellektuellen Möglichkeiten nie ausschöpfen konnte.

Im selben Artikel berichtet eine heute 50-jährige Frau, dass man ihr erst jetzt die Diagnose POS bzw. Hyperaktivität gestellt habe. Ein Leben lang habe sie unter ihrer Ablenkbarkeit, ihrer Entscheidungsschwäche, einem schlechten Selbstwertgefühl und latenten Depressionen gelitten. Die Diagnose POS wurde ihr von der Psychiatrischen Universitätsklinik Zürich gestellt, und seit kurzem nimmt sie dagegen Ritalin.

Beide in diesem Artikel erwähnten Erwachsenen haben noch nie davon gehört, dass durch eine Ernährungsumstellung ihr Problem wahrscheinlich gelöst wäre. Bedauerlicherweise kennen nämlich weder die offizielle Schulmedizin noch die offizielle Psychiatrie den Zusammenhang zwischen Hyper-/Hypoaktivität und Allergien oder Lebensmittelunverträglichkeiten! Und das, obwohl der Erste, der zu diesem Thema geforscht und geschrieben hat, ein amerikanischer Arzt, Dr. Feingold, war und obwohl weltweit Hunderttausende von Müttern durch Selbsthilfegruppen davon wissen.

Wie wir im folgenden Kapitel sehen werden, ist der Zusammenhang zwischen Allergien bzw. Unverträglichkeiten und Hirnfunktionsstörungen schon lange durch die wissenschaftliche Forschung belegt – nur sind diese Fakten offenbar noch nicht bis zu den Medizinern durchgedrungen. Im Gegenteil: Mitte der 1980er Jahre verfolgte ich mit großer Spannung und vielen Aha-Erlebnissen den ersten Vortrag der Biochemikerin Dr. Adele Blaurock, in dem sie über die Zusammenhänge zwischen Allergien und Hirnfunktion und über den möglichen verhängnisvollen Einfluss der Zusatzstoffe – allen voran das damals am meisten erforschte Phosphat – auf den Hirnstoffwechsel berichtete. In den Zeitungen folgten danach Ermahnungen der Schweizerischen Ärztegesellschaft in Bezug auf die wichtige Funktion des Phosphors im Gehirn. Als ob das bestritten worden wäre …

Bis heute gibt es keine positive Stellungnahme der Ärzteschaft zum Thema der Zusatzstoffe und ihres Einflusses auf den Hirnstoffwechsel, obwohl seit vielen Jahren wissenschaftliche und empirische Daten zuhauf vorliegen.

Susanne Stoll-Kellenberger schrieb in diesem Zusammenhang an die Schweizerische Stiftung für Gesundheitsförderung: »Aus langer Sicht hat unsere Form von Prophylaxe (Ernährung) auch einen extrem volkswirtschaftlichen Sinn, denn aus schwierigen Kindern werden sehr oft depressive, süchtige, schizophrene oder asoziale Erwachsene, die kaum je zu tragenden Gliedern der Gesellschaft werden. Bereits 1998 bestand der Hauptanteil der Invaliden mit 41 Prozent aus psychisch Kranken (gegenüber 28 Prozent durch Unfall bedingten Fällen), Tendenz steigend.« Heute redet man davon, dass über 50 Prozent der Invaliden-Beiträge an psychisch Kranke ausbezahlt werden.

Das Hirn steuert unser Verhalten und reagiert empfindlich auf viele Stoffe

Die Rolle der Neurotransmitter

Alle unsere Bewegungen werden vom Gehirn aus gesteuert. Und Hyperaktivität wiederum ist ein Symptom für eine Stoffwechselstörung, die im Gehirn stattfindet. Dabei können verschiedene Faktoren und Wirkmechanismen eine Rolle spielen.

Die offizielle Medizin und die Psychiatrie bekunden immer noch Mühe, den Zusammenhang und die Auswirkungen von Ernährung, Allergien und Unverträglichkeiten auf körperlich-seelisch-geistige Erkrankungen zu akzeptieren. Dabei kennt man heute den Zusammenhang zwischen Allergenen und dem vegetativen Nervensystem sowie dem Hirnstoffwechsel über die sogenannten Neurotransmitter. Die Neurotransmitter haben einen großen Einfluss auf die Hirntätigkeit. Ein Teil der Neurotransmitter, vor allem Dopamin und Adrenalin, steigern die Erregungsfähigkeit der Hirnzellen, andere wiederum dämpfen sie. Untersuchungen haben gezeigt, dass sie im Blut von hyperaktiven Kindern häufig erhöht sind. Auch die Serotoninbildung kann überhöht sein und dann zu Hyperaktivität führen. Da die Neurotransmitter als Aminosäuren in den Eiweißen sowohl pflanzlicher wie tierischer Produkte enthalten sind, können viele Lebensmittel direkt oder indirekt auf den Hirnstoffwechsel einwirken.

In meiner Praxis arbeite ich mit einem Bioresonanzgerät, mit dem ich über die einzelnen Organe den Einfluss von Substanzen, also auch von Lebensmitteln, auf ihren Energiezustand messen kann. Bei Tests an hyperaktiven Kindern fiel mir auf, dass sie alle ohne Ausnahme einen deutlichen Energieabfall auf Hypophyse und Hypothalamus, den beiden hormonregulierenden Drüsen im Gehirn, zeigen, wenn diese mit künstlichen Süßstoffen oder Säuren belastet werden, also beispielsweise Light-Produkte, Süßigkeiten, Süßgetränke, in denen der Zucker durch künstlichen Zucker ergänzt oder ersetzt wurde, Essig, saure Früchte, Fruchtsäfte. Alle anderen allergischen oder Unverträglichkeitsreaktionen sind sehr individuell.

Dr. Calatin berichtet in ihrem »Kursbuch Eltern«, dass bei hyperaktiven Kindern die im Gehirn zur Verfügung stehende Energie geringer ist als bei gesunden Menschen, eine Tatsache, die mir selbst auch bei meinen Tests aufgefallen ist. Da meine Testmethode vor allem Energien testet, misst und vergleicht, lässt sich genau beobachten, wie die Energie im Gehirn von hyperaktiven Kindern fällt, wenn sie mit für sie allergenen Stoffen in Kontakt kommen. Die Vermutung liegt nahe, dass die Unfähigkeit hyperaktiver Menschen, sich längere Zeit konzentrieren zu können, eine Folge dieser reduzierten Energiemenge im Gehirn ist.

Jeder Mensch ist ein Individuum, nicht nur in seiner Eigenart und seinem Charakter, sondern zum großen Teil auch in seinem Stoffwechsel und seinen Reaktionen auf verschiedene Stoffe. Es gibt Menschen, die beispielsweise auf alle Zitrusfrüchte empfindlich reagieren, andere vertragen keine Äpfel, Ananas oder andere saure Früchte. Es ist deshalb enorm schwierig, genaue wissenschaftliche Daten zu ermitteln. Dr. Calatin berichtet in ihrem Buch von einer nach streng wissenschaftlichen Kriterien aufgebauten Studie (sogenannte randomisierte Cross-over-Doppelblind-Studie) eines englischen Neurologen, der die ursächlichen Zusammenhänge zwischen Nahrungsmitteln/Zusatzstoffen und Hyper- bzw. Hypoaktivität untersucht hat. Die Studie wurde in drei Phasen durchgeführt, bei der jedes Kind eine sogenannte oligoantigene Diät einhalten musste (das heißt, die als allergisierend bekannten Lebensmittel wurden ausgeschlossen). Sie erbrachte, dass bei achtzig Prozent der Kinder sich das Verhalten durch die Diät positiv veränderte; bei etwa einem Drittel der Kinder hatte es sich völlig normalisiert, bei den übrigen deutlich gebessert.

Interessant ist die Liste der Zusatzstoffe und Nahrungsmittel, die sich bei diesen Tests als Auslöser für hyperaktives Verhalten erwiesen:

79 % der Kinder reagierten auf Farb- und Konservierungsstoffe (Konservierungsstoffe sind Säuren!)
64 % auf Kuhmilch
59 % auf Schokolade
49 % auf Trauben, Weizen
45 % auf Zitrusfrüchte (Säuren)
40 % auf Käse
39 % auf Eier
32 % auf Erdnüsse

Dr. Calatin berichtet in ihrem Buch über weitere Tests, die übereinstimmende Ergebnisse erbrachten. Ihre Ergebnisse sind in unseren Nahrungsmittellisten (siehe Seite 48) berücksichtigt.

Inzwischen kennt man neben den oben erwähnten Stoffen und Lebensmitteln viele weitere Substanzen, die bekannt dafür sind, dass sie im Gehirn von hyperaktiven Kindern Reaktionen hervorrufen können, die Merkmal dieses Krankheitsbildes sind.

Neben Säuren und künstlichen Süßstoffen von größter Bedeutung (und zugleich am schwierigsten zu vermeiden) ist der Zucker und der Einfluss des Blutzuckerspiegels auf die Hirntätigkeit.

Zucker und der Einfluss des Blutzuckerspiegels auf die Hirntätigkeit

Unser Blutzuckerspiegel bestimmt darüber, ob wir uns wohl fühlen, ob wir klar denken können, ob wir über genügend Energie für unsere Arbeit verfügen, ob wir uns bei unserer Arbeit konzentrieren können oder ob das Gegenteil der Fall ist, nämlich, dass wir irritiert sind, uns nicht konzentrieren können und uns dauernd müde fühlen.

Die Höhe des Blutzuckerspiegels wird durch das Insulin gesteuert, das die Bauchspeicheldrüse nach jeder kohlehydrathaltigen Mahlzeit absondert. Kohlehydrate sind sogenannte Einfach- oder Mehrfachzucker; sie werden im Darm verdaut und enden dort als Einfachzucker. Egal, ob Sie eine Kartoffel, ein Stück Kuchen, Reis oder einen Löffel weißen Zucker gegessen haben, sie werden alle im Darm zu sogenannten Einfachzuckern (Glukose, Fruktose oder Galaktose) abgebaut, die dann durch die Darmschleimhaut ins Blut übergehen. Die bei der Verdauung entstehende Zuckermenge hängt von der leichten und schnellen Verdaulichkeit des Kohlehydrats ab. Je leichter verdaulich ein Kohlehydrat ist, desto schneller ist es zu Zucker verdaut. So sind zum Beispiel Kartoffeln, weißer Reis oder weiße Brötchen extrem schnell zu Zucker abgebaut und erhöhen dementsprechend stark den Blutzuckerspiegel. Langsamer geschieht die Verstoffwechslung zu Zucker bei Schrotbroten, Hülsenfrüchten oder Gemüse; auch der in Früchten enthaltene Zucker erhöht dank ihres Fructosegehalts den Blutzuckerspiegel nur sehr wenig. Gemessen wird die durch die verschiedenen Lebensmittel bewirkte Erhöhung des Blutzuckers im sogenannten glykämischen Index.

Je höher der Blutzuckerspiegel nach einer Mahlzeit ansteigt, desto mehr Insulin muss die Bauchspeicheldrüse ausschütten, und desto tiefer fällt er normalerweise nach etwa zwei Stunden wieder ab. Fällt er nach einem solchen »Höhenflug« sehr tief, entsteht die sogenannte **Unterzuckerung oder Hypoglykämie**. Bei einer solchen Unterzuckerung zeigen sich folgende psychische und körperliche Symptome:

- kalter Schweiß
- Zittern
- Herzklopfen
- Blässe
- Heißhunger nach Süßigkeiten
- unkontrollierte Bewegungen und Störungen der Bewegungsabläufe
- Schwindel
- Sehstörungen
- Übelkeit
- Benommenheit
- Kopfweh

- Schläfrigkeit
- Erschöpfung und Schwächegefühl
- Wahrnehmungs- und Denkstörungen, Konzentrationsschwäche
- geistige Verwirrung
- Angst
- Depression
- Ruhelosigkeit
- Reizbarkeit bis zur tätlichen Aggression

Viele dieser Symptome sind gerade bei hyperaktiven Kindern besonders häufig, und viele dieser Kinder sind bekannterweise geradezu süchtig nach Kohlehydraten (Spaghetti, Kuchen, Ovomaltine usw.) und Süßigkeiten, nach deren Genuss sie dann regelmäßig »ausflippen«. Am bekanntesten ist dieser Effekt nach dem Trinken von Cola-Getränken. Der Sohn meiner Freundin reagierte danach regelmäßig mit aggressiven Attacken, und wenn er quengelig aus der Schule kam, konnte man ihm jeweils auf den Kopf zusagen, dass er wieder ein solches Getränk am Kiosk gekauft hatte.

Messen kann man den Blutzuckerabfall mit dem Glukosetoleranztest. Wie bei Menschen mit Übergewicht, die ebenfalls oft unter Hypoglykämie leiden, besteht auch bei hyperaktiven Kindern eine Bandbreite der Reaktion auf die Senkung des Blutzuckerspiegels, das heißt, die einen reagieren schon bei einer kleinen Senkung mit den oben erwähnten Symptomen, andere halten ihnen länger stand, bevor sie deutlich reagieren.

Wenn ein Kind an Unterzuckerung leidet, ist es notwendig, eine stark **kohlehydratreduzierte Ernährungsweise** zu beachten. Vor allem raffinierte Kohlehydrate wie helles Weizenmehl und daraus hergestellte Produkte wie Brot, Kuchen und Kekse, weißer Reis, aber auch Kartoffeln und vor allem alle Zuckerarten außer Stevia sind möglichst zu meiden. In milderen Fällen kann Birnendicksaft sparsam eingesetzt werden. Eiweiß wie Fleisch und Fisch werden von den meisten Kindern viel besser vertragen und auch besser verdaut. Dies gilt aber nicht für Wurstwaren! (Siehe »Erlaubte Lebensmittel«, Seite 49f.)

Süßstoffe

Hyper- bzw. hypoaktive Kinder sind immer überempfindlich auf Süßstoffe

Süßstoffe werden heutzutage von vielen Menschen als harmlos eingestuft, dabei sind allergische Reaktionen darauf – auch bei nicht unter Hyperaktivität leidenden Personen – ziemlich häufig. Süßstoffe werden in vielen Lebensmitteln auch mit anderen Zuckerarten gemischt. Sie sind in den vor allem bei Kindern beliebten Süßigkeiten stark vertreten, wie etwa in **Gummibärchen und Kaugummis**. Verharmlosende Aufdrucke auf der Packung (»Smileys« u. ä.) suggerieren, dass sie »besser« sind als die mit normalem Haushaltszucker gesüßten Schleckwaren. Welch eine Ironie!

Oft reagiert ein Kind nur auf einen bestimmten Süßstoff, und andere verträgt es.

Untersuchungen haben gezeigt, dass Aspartam auf das Nervensystem wirkt. So sind Fälle bekannt, wo Aspartam Epilepsieanfälle hervorgerufen hat, auch das Auftreten von Kopfschmerzen nach aspartamhaltigen Süßgetränken ist registriert. Laut einer von Dr. Calatin zitierten Studie konnte auch belegt werden, dass Kinder und Jugendliche nach aspartamhaltigen Softdrinks Anfälle von »Fresssucht« bekamen und regelrecht süchtig nach aspartamhaltigen Softdrinks waren. Nach längerem und regelmäßigem Konsum sei oft ein Umschlagen der Hyperaktivität in Depression, begleitet von häufigem Weinen, großer Müdigkeit und Angstzuständen, beobachtet worden.

Die Bestandteile von Aspartam – Phenylalanin und Asparaginsäure – greifen beide in den Hirnstoffwechsel ein, was sich bei empfindlichen Allergikerkindern offenbar schädlich auswirkt. In Untersuchungen konnte man zudem feststellen, dass bereits die Empfindung von Süße auf unseren Geschmacksknospen genügt, um Insulin auszuschütten, was bei einem empfindlichen Stoffwechsel wiederum zu der gefürchteten Unterzuckerung führen kann.

Vom Konsum von Süßstoffen ist deshalb unbedingt abzuraten. Das Verlangen nach Süßigkeiten verschwindet im Übrigen meistens sehr schnell, wenn der Blutzuckerspiegel durch die richtigen und vor allem weniger Kohlehydrate konstanter gehalten wird. Die harmlosesten Süßigkeiten für Kinder sind: dunkle Schokolade und selbstgemachte Kuchen oder Plätzchen. Auch Früchte ohne Säuren, wie zum Beispiel Bananen, Birnen, Melonen sind gut geeignet, den Süßigkeitsbedarf bei Kindern zu decken.

Glutamat

Über den Zusammenhang zwischen dem Geschmackverstärker Glutamat und Unverträglichkeiten wie Migräne, Kopfschmerzen usw. gibt es zahlreiche Untersuchungen. Ebenso wurde schon viel über das sogenannte Chinarestaurant-Syndrom geschrieben. Glutamat kann aber auch Bauchschmerzen und Übelkeit verursachen.

Bei uns im Westen wird Glutamat in großen Mengen unter der Bezeichnung »Geschmacksverstärker« (E-Nummer 620–625) als Zusatzstoff in Fertigprodukten eingesetzt, sodass man pro Mahlzeit (besonders und bekanntermaßen in Chinarestaurants) mehrere Gramm Glutamat einnehmen kann. Glutamat – das Natriumsalz der L-Glutaminsäure – ist ein wichtiger Baustein aller natürlichen

Eiweiße. Die meisten pflanzlichen wie auch tierischen Proteine bestehen zu etwa einem Fünftel ihrer Masse aus L-Glutaminsäure.

- 100 g Milch enthalten 3,3 g Eiweiß, davon 0,75 g Glutaminsäure.
- 100 g Emmentaler enthalten 29 g Protein, davon ca. 6 g Glutaminsäure.
- 100 g Sojabohnen enthalten 37 g Protein, davon über 7 g Glutaminsäure.
- Reichlich Glutamat ist auch in Hefeextrakten, Sojasauce, Miso und in Hartwürsten enthalten.

Glutaminsäure kann vom Körper selbst hergestellt werden. Es wirkt im Gehirn als sogenannter Neurotransmitter, als Botenstoff zwischen den Nervenzellen, und zwar ausschließlich als erregender Neurotransmitter. Im Gehirn gibt es ein Enzym (Glutaminsäure-Decarboxylase), das Glutaminsäure in Gamma-Aminobuttersäure umwandeln kann. Diese Substanz wiederum wirkt erregungshemmend. Das Enzym, das die »erregende« Glutaminsäure in die »beruhigende« Gamma-Aminobuttersäure umwandelt, enthält als wichtigsten Baustein Vitamin B6 (Pyridoxin). Pyridoxin wiederum nehmen wir vor allem über den Konsum von Fleisch und Getreide, Kartoffeln und Broccoli auf, und es hat sich gezeigt, dass die meisten hyperaktiven Kinder einen Mangel an diesem Vitamin haben. Vitamin-B6-Gaben gehören deshalb zur Behandlung der Hyperaktivität.

Die fatale Rolle von Zusatzstoffen bei der Hirnaktivität

Dass Nahrungsmittel-Zusatzstoffe bei Allergikern heftige Reaktionen auslösen können, ist seit Jahrzehnten bekannt. Auch bei hyperaktiven Kindern stieß man schon vor vielen Jahren darauf, dass beispielsweise Phosphate für sie eine verheerende Wirkung haben können. Da zunächst nur diese als auslösende Stoffe bekannt waren, nannte man sie früher deshalb auch »Phosphat-Kinder«. Heute weiß man, dass noch viele andere Zusatzstoffe bei hyperaktiven Kindern allergen wirken können.

Phosphate gehören neben Milcheiweiß zu den von der Lebensmittelindustrie am häufigsten verwendeten Zusatzstoffen. Sie sind vor allem in jenen Lebensmitteln enthalten, die wir häufig und in großen Mengen essen: Brot, Brötchen, Backwaren, Wurstwaren, Cola-Getränke. Die meisten Bäcker und vor allem die der industriellen Produktion verwenden für ihre Brote und anderen Backwaren fertige Mehlmischungen, die nur noch mit Wasser und gegebenenfalls mit Hefe angerührt werden müssen. Diese Mehlmischungen enthalten viele sogenannte Backhilfsmittel – Säuerungsmittel, Emulgatoren, Hilfsmittel für Luftigkeit, Krustenbildung usw. –, die dafür sorgen, dass das Brot fein schmeckt, länger haltbar ist und vor allem, dass der Teig schneller aufgeht und gebacken werden kann. Diese Zusatzstoffe sind oft Phosphatverbindungen. In Wurstwaren sorgen die

Bekannt ist die negative Reaktion von hyperaktiven Kindern auf Farbstoffe in Lebensmitteln, Gummibärchen usw.

Phosphate dafür, dass die Wurst schön feucht bleibt und kein Wasser verliert, Cola-Getränke (ebenfalls mit reichlich Phosphorsäure) lassen sie zusammen mit dem vielen Zucker prickelnd süß-sauer schmecken, und in pulverförmigen Fertigsuppen und Fertigsaucen sorgen sie dafür, dass diese nicht verklumpen.

Heute weiß man, dass Phosphate nicht der Auslöser von Hyperaktivität sind, dass sie aber wie alle anderen chemischen Stoffe zu Allergien führen können und damit das Immunsystem allgemein schwächen. Außerdem gehören natürlich alle phosphathaltigen Lebensmittel der Nahrungsmittelindustrie, wie Wurstwaren, Cola-Getränke und Pulversuppen, nicht gerade zu den gesunden Lebensmitteln; dass ein Brot ohne Zusatzstoffe für unseren Organismus gesünder ist, versteht sich von selbst.

Als besonders allergieauslösend gelten:

Säuerungsmittel und Säuerungsregulatoren

Alle Säuren sind für die meisten von Hyperaktivität betroffenen Kinder schädlich, vor allem aber:

- E 338–341 (Orthophosphorsäure und Phosphate), enthalten in Cola-Getränken und anderen Süßgetränken
- E 450 a–c (Di-, Tri- und Polyphosphate), enthalten in Fleischerzeugnissen, Schmelzkäse, Desserts, Speiseeis, Mehlen und Backmischungen

Farbstoffe

- E 102 Tartrazin (Zitronengelb), enthalten in Brausepulver, Fruchtessenzen, Kunsthonig, Puddingpulver, Senf, Sirup, Süßwaren
- E 104 (Chinolingelb), enthalten in Brausen, Puddingpulver, Räucherfisch, Ostereierfarbe
- E 110 (Gelborange S), enthalten in Aprikosenmarmelade, Keksen mit Orangengelee, fertigen Schokoladenmixgetränken, Fertigsuppen, fertiger Paniermehlmischung, Fertig-Käsesauce, Joghurtcreme, Marzipan, Puddingpulver, Zitronenquark
- E 122 Azorubin (Rot), enthalten in Biskuitrollen, Pudding, brauner Sauce, Fertigsuppen, Marzipan, Süßwaren
- E 123 Amaranth (Rot), enthalten in Likören, Fischrogen
- E 124 Cochenillerot A, enthalten in Brausen, Fruchtgelees, Lachsersatz, Süßwaren
- E 127 Erythrosin (Rosa) enthalten in Konservenfrüchten, Kunstspeiseeis
- E 180 Rubinpigment BK (Rot), enthalten in Wachsüberzügen (Käse)

Konservierungsstoffe, die fast immer Säuren sind! Es sind dies die Konservierungsstoffe E 200–285. Enthalten sind sie in Margarine, Marmelade, Mayonnaise, Gemüsekonserven, Obstkonserven, Fertigsalaten, Schalen von Zitrusfrüchten und Bananen, Käse, abgepacktem und geschnittenem Brot.

Dazu gehören auch die Nitrite E 249 und E 250 und die Nitrate E 251 und E 252, die vor allem in Wurstwaren verwendet werden.

Antioxidationsmittel

- E 310–312 (Gallate), enthalten in Frühstücksflocken, Kaugummi, Kartoffel-Instant-Erzeugnissen, Snacks, Margarine
- E 320 und E 321 (BHA und BHT), enthalten in Keksen, Fruchtkuchen, Rinderbrühe in Würfeln, Süßigkeiten, vor allem Kaugummis, Walnüssen, Würzreis

Wenn man nicht genau austesten kann, auf welchen Zusatzstoff ein Kind allergisch oder mit Unverträglichkeit reagiert, ist es am besten, alle Lebensmittel, die Zusatzstoffe mit E-Nummern enthalten, strikt wegzulassen und sich aus den vollwertigen, natürlichen unverarbeiteten Lebensmitteln zu ernähren.

Die Wirkung von Ritalin auf den Hirnstoffwechsel

Vor 45 Jahren, als mein Sohn sich selbst und die ganze Familie mit seiner Krankheit quälte, gab es Ritalin bereits. Als es bei uns zu Hause wieder einmal ganz unerträglich zu und her ging, begannen wir unserem Sohn Ritalin zu verabreichen. Sofort kehrte Ruhe ein, aber eine unheimliche Ruhe. Der vorher so aktive, nimmermüde, aufgeweckte kleine Kerl – er war damals etwa drei Jahre alt – lag plötzlich apathisch im Sessel oder auf dem Sofa und war nicht wiederzuerkennen. Nach ein paar Tagen gaben wir das Experiment auf, da es uns unverantwortlich schien, ihn psychisch so stillzulegen. Wir hatten auch nicht daran gedacht, die damals gängige Dosierung zu ändern – ein großer Fehler, wie ich heute denke.

Ich besuchte dann mit ihm verschiedene Therapien – Maltherapie, Einzeltherapie, Familientherapie –, die vor allem darauf abzielten, das Hirn zu aktivieren. Der gängige Therapieansatz ging damals von einem Sauerstoffmangel während des Geburtsvorgangs aus; da er noch eine Zwillingsschwester hat, war eine Enge bei der Geburt gut vorstellbar. Nach der Geburt gab es eine Phase, in der er stundenlang quälende Geräusche von sich gab; seine Zwillingsschwester lag immer merkwürdig steif in ihrem Bettchen und hatte außerdem eine leichte Neurodermitis. Sie waren als Babys oft erkältet, sonst aber unauffällig. Allerdings wunderte uns, dass beide nicht krabbeln konnten. Es dauerte ungewöhnlich lange, bis sie stehen und dann gehen konnten. Im Übrigen waren sie jedoch zwei fröhliche Babys, die uns große Freude bereiteten. Auffallend war dann aber, dass unser Sohn nicht mehr aus dem Trotzalter herauskam und sein ganzes Verhalten viele der in der Liste auf Seite 12–15 aufgeführten Symptome aufwies. Seine Schwester zeigte auffallende Koordinationsstörungen, die erst mit jahrelangen Therapien wieder behoben werden konnten.

Ritalin ist ein Methylphenidat (ein sogenanntes Amphetamin) und gehört zu den laut Betäubungsmittelgesetz streng verschreibungspflichtigen Drogen. Es wirkt bei Menschen mit einem normalen Hirnstoffwechsel stark anregend und gilt als Stimulans (mehr dazu unter www.wikipedia.org/wiki/Methylphenidat). Als ich einmal während einer Abmagerungskur über ein paar Wochen ein anderes Amphetamin einnahm, machte es mich extrem hyperaktiv und unterdrückte das Hungergefühl (zum Abnehmen natürlich ideal); mit der Zeit bekam ich aber Schlafstörungen und begann abwechselnd zu schwitzen und zu frieren – ein Zeichen dafür, wie stark es auf das vegetative Nervensystem einwirkte.

Noradrenalin, ein anderer Neurotransmitter, ist ein den Sympathikus anregender Stoff. Er wirkt vor allem im Hypothalamus, dem Sitz der emotionalen Funktionen und der Schaltzentrale des vegetativen Nervensystems, dessen einen Ast der Sympathikus bildet. Bei hyperaktiven Kindern scheint das Noradrenalinsystem unteraktiv zu sein. Ritalin regt die Freisetzung von Noradrenalin an und erhöht damit die Aktivität der Nervenzellen.

Währenddem Amphetamine also normalerweise zu Übererregbarkeit, Schlaflosigkeit, Appetitmangel führen, reagieren hyperaktive Kinder genau umgekehrt: Sie werden unter Ritalin ruhiger und ausgeglichener, können sich besser konzentrieren, bewegen sich ruhiger und gezielter. Die Wirkung der Neurotransmitter normalisiert sich, es kommt zu einer Verstärkung der hemmenden Kontrollmechanismen und damit zu einer Stabilisierung des Verhaltens.

Über die Verwendung von Ritalin gibt es eine Unmenge von Veröffentlichungen. Sehr interessant und neueren Datums sind verschiedene Veröffentlichungen im »Tages-Anzeiger« (2011–2014), die unter www.tagesanzeiger.ch/ritalin nachzulesen sind. Diese Artikel berichten über den steigenden Ritalin-Verbrauch, seine Folgen und interessanterweise auch über den Millionenumsatz, den Novartis mit dem Vertrieb von Ritalin macht. Pascal Rudin, der Schweizer Soziologe und Repräsentant der Internationalen Vereinigung der Sozialarbeiter bei der Uno ist der Meinung, dass die Verschreibung von Ritalin gegen das Aufmerksamkeitsdefizit ADHS bei Kindern in 95 Prozent der Fälle überflüssig sei: »Es werden Kinder stigmatisiert, nur weil Ritalin kurzfristig funktioniert und effizient ist«, sagte er.

Festzuhalten ist, dass Ritalin nicht bei allen Kindern gleich gut wirkt; etwa 60 Prozent der Kinder sprechen darauf an, manche aber auch gar nicht. Zudem ist die Verabreichung von Ritalin eine reine Symptombehandlung, die an den körperlichen Ursachen der Verhaltensstörung nichts ändert und bisweilen auch schwere Nebenwirkungen haben kann. Allerdings ist es, wie Dr. Calatin in ihrem Buch erwähnt, oft das einzige Mittel zur Soforthilfe, wenn die Situation für das Kind und die Familie kritisch wird und wenn beispielsweise die Durchführung einer Ernährungsumstellung zu große Schwierigkeiten bereitet oder erfolglos geblieben ist. Ich jedenfalls bedauere es im Nachhinein sehr, dass wir bei unserem Sohn nicht länger eine verträglichere Dosis ausprobiert haben.

Ich bin der Meinung, dass Ritalin im Notfall durchaus berechtigt sein kann, denn das Kind leidet selbst unter seiner Rastlosigkeit und fühlt sich nicht wohl. Es ist aber ratsam, längerfristig andere Therapiemethoden auszuprobieren und dauerhaft anzuwenden, insbesondere eine Ernährungsumstellung.

Stress und seine Folgen auf den Gesamtstoffwechsel, insbesondere auf die Nebennieren

Schadstoffe, wie beispielsweise Schwermetalle, Nahrungsmittelzusätze oder Spritzmittel, belasten unser Immunsystem und tragen damit zum Auftreten von Allergien bei. Ein Mangel an Vitaminen und Mineralstoffen beeinträchtigt ebenfalls den gesamten Stoffwechsel und kann deshalb ebenfalls die Bildung von Allergien begünstigen. Unser gesamter Körper wird dadurch geschwächt und ist in seinen Reaktionen auf Belastungen reduziert.

Stress wiederum belastet die Nebennieren, indem er die Ausschüttung der sogenannten Stresshormone provoziert. Die Nebennieren sind kleine, etwa kirschgroße Drüsen, die oberhalb der Nieren sitzen. Sie produzieren verschiedene Hormone, insbesondere die in diesem Fall wichtigen **Stresshormone Adrenalin und Cortisol**. Bei fast allen Krankheitszuständen, die mit chronischer Müdigkeit und Erschöpfung (Burnout) einhergehen, sind die Nebennieren in ihrer Leistung reduziert.

Überaktive und erschöpfte Nebennieren als Ursache der Hyperaktivität

Die Nebennieren sind Teil des Sympathischen Nervensystems und reagieren auf Stress – die bekannte Kampf- und Flucht-Reaktion, die mit der Ausschüttung von Stresshormonen reagiert, um unsere Reaktionsmöglichkeiten zu erhöhen. Gleichzeitig bewirkt diese Ausschüttung aber auch eine Reduktion der Mineralstoffe Calcium, Magnesium und Zink, die einen Einfluss auf die Höhe des Stresshormonpegels haben. Die Ausschüttung von Cortisol hat zudem einen großen Einfluss auf unseren **Zuckerstoffwechsel,** und dieser wiederum steht in engem Zusammenhang mit **Hyper- bzw. Hypoaktivität** (siehe Seite 22).

Sicher kennen Sie auch Menschen, die ständig überaktiv sind und, sobald sie ihr Tempo reduzieren, gleich einschlafen. Diese Menschen benötigen das Aktivsein, um gegen ihre Übermüdung anzukämpfen (wie beispielsweise Menschen mit Burnout). Kinder zeigen diese Symptome der Übermüdung besonders durch Gereiztheit.

Wenn wir unseren Bedarf nach Ruhe und Schlaf ignorieren und ständig aktiv sind, zwingen wir durch die Ausschüttung von Stresshormonen die Nebennieren dazu, uns laufend die dazu benötigte Energie zu liefern. Um gut zu funktionieren, benötigen die Nebennieren Vitamine und Mineralstoffe (Mangan, Zink, Vitamin B5 sowie A, C und E), die jedoch in vielen Ernährungsformen fehlen. Werden die Nebennieren während längerer Zeit – etwa durch ständige Aktivität oder Stress – stark beansprucht, wird ihre Leistungsfähigkeit allmählich immer mehr reduziert: sie werden erschöpft.

In der Praxis heißt das, dass Stress von Kindern möglichst fernzuhalten ist und ihnen genügend Möglichkeit für Bewegung und freies Spielen zu geben ist. Stress bedeutet dabei auch längeres Video-Spielen, zu wenig Schlaf usw.

Substanzen und Allergene, die den Stoffwechsel negativ beeinflussen und schwächen

Im Prinzip kann jedes Nahrungsmittel und jeder Zusatzstoff Allergien auslösen. Es ist interessant zu sehen, dass in jedem Land der Erde das Lebensmittel, das dort am häufigsten konsumiert wird, auch am meisten Allergien auslöst. Und zwar sind es immer die Eiweiße im Lebensmittel, die allergen wirken. So sind die Japaner am häufigsten allergisch auf das Eiweiß im Reis, Amerikaner auf Mais und Erdnüsse (Peanutbutter!), Norweger auf Fisch, und im übrigen Europa lösen vor allem Milch, Eier, Nüsse und Weizen am häufigsten Allergien aus.

Milch, Eier, Haselnüsse und Weizen

Sogar wenn sie noch voll gestillt werden, reagieren viele Neugeborene bereits mit Bauchkrämpfen, Durchfall und tropfenden Näschen indirekt allergisch auf das **Kuhmilcheiweiß**. Bei meinem Enkel verschwanden die genannten Symptome sofort, als seine Mutter aufhörte, Milchprodukte zu essen. Sicher war seine Neigung zu Allergien angeboren (mein Sohn ist Allergiker), aber die Sensibilisierung auf ein Allergen wird erworben. Und dies kann offenbar schon im Mutterleib geschehen. Da man auf das Eiweiß in der Milch allergisch ist und nicht auf das Milchfett, werden Rahm und Butter meistens gut vertragen, da diese nur wenig Eiweiß enthalten.

Andere Milchsorten können hingegen verträglich sein, so vor allem **Schafmilch und Ziegenmilch** und daraus hergestellte Produkte; dies gilt jedoch nicht, wenn eine Milchzuckerunverträglichkeit (siehe unten) besteht. Bei Sojamilch hat es sich gezeigt, dass allergische Kinder auch auf Sojaeiweiß allergisch werden, wenn man ihnen zu viel davon gibt. Eine Studie aus Deutschland hat ergeben, dass 80 Prozent der Milcheiweißallergiker auch sämtliche Sojaprodukte nicht vertragen. Daher finden Sie in diesem Buch auch keine Rezepte mit Soja. Überdies enthalten Sojaprodukte viel weibliche Hormone, weshalb sie Kindern – Mädchen wie Buben – nicht gegeben werden sollten.

In vielen Teilen der Welt kannte man bis vor kurzem keine Kuhmilch und Kuhmilchprodukte. Die Einwohner dieser Länder sind daher oft nicht imstande, in ihrem Darm das Enzym Laktase zu bilden, das benötigt wird, um den **Milchzucker** (Laktose) aufzuspalten. Bei einem Mangel dieses Enzyms kommt es zu schweren Durchfällen und auch Bauchkrämpfen. Auch unter den Europäern nördlich der Alpen sind 10 bis 20 Prozent der Erwachsenen Laktose-intolerant. Schaf- und Ziegenmilch werden wegen ihres hohen Laktosegehalts oft schlecht vertragen. Nach einer gewissen Zeit lösen dann auch diese Milchsorten eine allergische Reaktion aus. Anders bei dem aus diesen Milchsorten hergestellten Käse: Durch die Fermentierung wird das Milcheiweiß verändert und der Milchzucker abgebaut. Daher können kleine Mengen davon als verträglich eingestuft werden. Wir sehen: Milch, ihre Bestandteile und Produkte, die daraus hergestellt werden, sind für viele Menschen nicht günstig. Für hyperaktive Kinder sind sie erfahrungsgemäß nicht ratsam und deshalb zu meiden.

Viele hyperaktive Kinder reagieren auch auf den Verzehr von **Weizen** allergisch. Die Hauptursache liegt dann vor allem in einer Allergie auf die Weizenproteine, also wieder das Eiweiß im Weizen. Man spricht von Glutenunverträglichkeit oder Zöliakie, wenn auch auf andere Getreidearten allergische Reaktionen – meistens Durchfall – auftreten, also auf Weizen, Hafer, Roggen, Gerste, Dinkel. Vertragen werden jedoch Reis, Mais, Hirse, Quinoa, Amaranth. In diesen Fällen gilt es, eine streng glutenfreie Diät einzuhalten. Glutenfreie Produkte sind im Reformhandel erhältlich.

Verdauungsstörungen

Die Funktionen des Darms entscheiden darüber, welche Substanzen (über den Blutweg) in unseren Körper gelangen und welche Substanzen er der Ausscheidung zuführt. Ein gut funktionierender Darm ist deshalb von elementarer Bedeutung. Er ist sozusagen das Tor zu Gesundheit oder Krankheit.

Außerdem ist der Darm das größte Immunorgan in unserem Körper. Im Darm werden nicht nur die Nahrungsbestandteile verdaut, sondern zusammen mit der Darmflora und den im Darm produzierten Antikörpern bestimmt er auch einen Großteil der Funktionen unseres Immunsystems. Die Darmflora mit ihren enormen Mengen an Mikroorganismen, welche die Darmoberfläche auskleidet, verhindert zusammen mit den zahlreichen Immunzellen, dass unerwünschte Substanzen in den Körper übertreten können. Ist die Darmdurchlässigkeit aus irgendwelchen Gründen gestört, kann es zur allergischen Sensibilisierung gegen Nahrungsmittelbestandteile kommen. Der Darm kann bei schweren Nahrungsmittelallergien entzündet sein, besonders etwa bei der Kuhmilcheiweiß-Intoleranz. Aber auch die normale Darmflora kann sich verändern, indem die gesunden Darmbakterien durch andere, teilweise pathogene Bakterien verdrängt werden. Dies geschieht besonders oft nach langzeitiger Verabreichung von Antibiotika.

Viele hyperaktive Kinder haben Verdauungsstörungen. Sie leiden unter Bauchschmerzen, Blähungen, häufigen Durchfällen. Diese Belastungen können zu einer Verminderung der Absorption (Aufnahmefähigkeit des Darms) führen, das heißt, dass dann nur noch ein geringer Teil der Nahrungsstoffe, Vitamine und Mineralstoffe durchs Blut aufgenommen werden kann. Der größte Teil verlässt ungenützt mit dem Stuhl wieder den Körper; dadurch entstehen Mangelzustände.

Schwächung des Immunsystems durch Candidabefall

Besonders bekannt ist die pathogene Veränderung der Darmflora durch den Candidapilz. Beim Säugling kann er sich durch kleine weiße »Schwämmchen« auf der Mundschleimhaut – dem sogenannten Soor – oder als Entzündung um den After – (Windelekzem) zeigen. Folgende Symptome deuten auf einen Befall mit Candidapilzen hin:
- erhöhte Infektionsanfälligkeit
- hartnäckiger Fußpilz
- Verdauungsstörungen mit starken Blähungen und Winden
- Jucken und Brennen im After- und Genitalbereich
- übermäßige Müdigkeit
- übermäßige Lust auf Süßigkeiten
- Reizbarkeit, Depressionen

Die Behandlung von Candida geschieht mit Pilzmitteln, wie z. B. Albicansan oder Nystatin, immer in Begleitung einer kohlehydratarmen Diät.

Chlor, Fluor, Amalgam, chemische Zusätze

Friedrich Klammrodt, Lehrer und Vater von drei verhaltensauffälligen Kindern, schreibt in seinem sehr empfehlenswerten Buch »Unkonzentriert, aggressiv, überaktiv«: »Kehrt ein POS-Kind ziemlich flippig von einem Hallenbadbesuch nach Hause zurück, glauben viele Eltern, es hätte gesündigt. Doch ist meistens das Chlor schuld.« In seinem Buch beschreibt er auch die Auswirkungen von Fluor auf den Hirnstoffwechsel und zeigt, wie Fluor, besonders das N-Fluorid der Fluortabletten, und Fluor im Salz für hyperaktive Kinder schädlich sein kann. Dass Amalgam und das darin enthaltene Quecksilber wie alle Schwermetalle ein starkes Nervengift ist, dürfte klar sein. POS-Kindern sollten deshalb keine Amalgamfüllungen eingesetzt werden.

Körperpflegemittel

Bei hyperaktiven Kindern sind möglichst Körperpflegemittel, Zahnpasta, Badezusätze, Seife und Waschmittel ohne chemische Stoffe zu verwenden. Sie sind im Reformhandel und in anderen alternativen Läden erhältlich. Auch von Weichspülern ist unbedingt abzuraten.

Impfstoffe

Viele Impfstoffe sind Verursacher von Allergien, und viele von ihnen enthalten Quecksilber. Es ist deshalb ratsam, sich zu erkundigen, welche Impfungen wirklich nötig sind.

Ich rate dringend davon ab, Kinder vor dem zweiten Lebensjahr zu impfen. Das Immunsystem ist bei Kindern unter zwei Jahren noch nicht ausgereift, vor allem sind die Enzymbildung und die Darmflora noch nicht voll aktionsfähig. Es gibt dazu heute viele interessante Forschungsresultate (siehe Literaturhinweise); versuchen Sie sich selbst ein Urteil zu bilden, ob und wann Sie Ihre Kinder impfen lassen wollen.

Blei

Blei ist in Spuren überall vorhanden. Der größte Teil davon kommt aus der Luft (Autoabgase, Industrieabgase, Kohleverbrennung), aber auch unsere Nahrungsmittel, vor allem Gemüse und Obst, können Blei enthalten.

Um Blei ebenso wie alle anderen Schwermetalle, allen voran Cadmium, aus dem Körper auszuscheiden, braucht es eine gesunde Leber, und diese wiederum braucht für ihre Arbeit Vitamine, vor allem die sogenannten Antioxidantien (Vitamin A, E, C, Zink, Selen).

Wie kann man Hyper- oder Hypoaktivität behandeln?

Wie bereits in der Einführung gesagt, gibt es je nach Blickrichtung verschiedene Therapieansätze. So beharren Psychiater und Psychologen darauf, dass hyper- bzw. hypoaktive Kinder am besten mit einer Psychotherapie, vor allem Verhaltenstherapien behandelt werden sollten. Die meisten Mediziner verordnen lediglich Ritalin, während viele betroffene Mütter und Vertreter der Naturheilkunde um den Segen einer Ernährungsumstellung wissen, da sie davon ausgehen, dass die Neigung zur Hyperaktivität vererbt und durch Allergien hervorgerufen wird. Im Folgenden gehen wir die bekannten Therapieansätze einzeln durch; diese können natürlich auch miteinander kombiniert werden, was manchmal auch sinnvoll ist.

Abklärung von Allergien und Unverträglichkeiten

Wie bereits ausgeführt wurde, sind hyperaktive Kinder Allergiekinder. Daher ist es unumgänglich abzuklären, worauf sie allergisch reagieren. Dies kann beim Arzt geschehen über die Bestimmung der IgG- und IgE-Antikörper im Blut, über die verschiedenen Testverfahren in Allergiestationen oder durch Austestung mittels Bioresonanz, Kinesiologie oder Elektroakupunktur. Wenn die Allergene feststehen, gilt es, alles daran zu setzen, das Kind vor ihnen zu bewahren. Das ist erfahrungsgemäß nicht einfach und gelingt auch nicht immer vollständig, trägt aber ganz wesentlich zum Gesundungsprozess bei.

Die häufigsten Allergieauslöser sind:
- Kuhmilch
- Eier
- Getreide, v. a. Weizen und Hafer, selten Roggen
- Kakao und Schokolade
- Backhefe
- Haselnüsse

Sehr selten gibt es Allergien auf Fleisch, jedoch häufig auf Würste und Wurstwaren (Zusatzstoffe!).

In diesem Zusammenhang sind immer auch Allergien auf Zusatzstoffe und andere das Hirn und seinen Stoffwechsel beeinträchtigende Substanzen in Betracht zu ziehen (siehe Seite 32ff.).

Bei meinen Tests habe ich festgestellt, dass echte Allergien nicht so häufig sind wie sogenannte Unverträglichkeiten, dass aber Unverträglichkeiten dieselben Symptome hervorrufen wie Allergien. **Unverträglichkeiten beruhen immer auf Schwächen im Verdauungssystem, sei dies eine mangelnde Enzymproduktion der Bauchspeicheldrüse, eine mangelnde Gallenproduktion der Leber oder eine geschädigte Darmflora.**

Jede Allergie bedeutet, dass das Immunsystem geschwächt ist. Eine überragende Rolle spielt dabei die Gesundheit des Darms und die Stützung des Immunsystems über Vitalstoffe (Vitamine und Mineralstoffe). Über beide Faktoren wird im Folgenden noch berichtet.

Ritalin

Es mag Sie erstaunen, dass ich als erklärte Anhängerin der alternativen Methoden für den vorübergehenden Einsatz von Ritalin spreche. Wenn Ihr Kind aber überall Schwierigkeiten hat, sowohl in seinen sozialen Beziehungen wie auch in der Schule, dann leidet es. Und statt jede Menge Therapien auszuprobieren oder es gar in eine Sonderschule zu überweisen, ist es meiner Meinung nach das kleinere Übel, ihm **vorübergehend** mit Ritalin zu helfen. Wenn es darauf anspricht, wird es sich wohler und entspannter fühlen, sich in der Schule wieder besser konzentrieren können und bei Stress mit Freunden nicht gleich ausflippen.

Als dem Betäubungsmittelgesetz unterstelltes Medikament muss Ritalin vom Arzt verschrieben werden. Ich rate Ihnen aber, bei der Dosierung ein Wort mitzureden, denn nur Sie als Eltern können abwägen, wann eine Dosierung zu niedrig oder bereits zu hoch ist.

Psychotherapie

In vielen Fällen ist eine psychotherapeutische Begleitung in Form von Verhaltenstherapie, Bewegungs- oder Beschäftigungstherapie und die Behandlung spezieller Teilleistungsstörungen durchaus wünschenswert, um das meist angeschlagene Selbstwertgefühl der Kinder zu stärken und auch um die durch die Krankheit beeinträchtigten intellektuellen Leistungen zu aktivieren.

Allerdings sollte nicht außer Acht gelassen werden, dass Hyperaktivität eine körperliche Störung ist, die sich lediglich in psychischen Verhaltensabnormitäten äußert.

Auch die stark strapazierten Eltern und vor allem die Mutter kann manchmal therapeutische Hilfe benötigen. Nicht zu vergessen sind auch Geschwister. Da das hyperaktive Kind alle Kräfte der Mutter absorbiert, kommen die übrigen Geschwister oft zu kurz.

Abklärung von Hypoglykämie (Unterzuckerung)

Eine Unterzuckerung im Blut kann Angst- und Panikgefühle, eine Störung der Bewegungskoordination, Wutausbrüche und Aggressivität auslösen und führt oft auch dazu, dass wahllos und unkontrolliert Süßigkeiten gegessen werden. Es ist deshalb unabdingbar festzustellen, ob das Kind an Unterzuckerung leidet.

Einfacher als über den Glukosetoleranztest beim Arzt ist die Ermittlung der Hypoglykämie über einen Bluttest auf die Amine Spermin und Spermidin, der von vielen Speziallabors durchgeführt wird. Sehr einfach ist es auch, über Bioresonanz, Kinesiologie oder Elektroakupunktur die Reaktion auf Zucker zu testen. Ich teste mit meinem Elektroakupunkturgerät nicht nur die Reaktion auf Zucker über die Bauchspeicheldrüse, sondern auch direkt über die Hypophyse. Dabei kann man bei den betroffenen Kindern immer wieder einen Energieabfall auf diesem so wichtigen, die Neurotransmitter regulierenden Organ feststellen.

Dabei ist speziell zu betonen, dass es kaum industrielle Süßwaren gibt, die nicht voller Zucker, minderwertiger Fette und vor allem voller chemischer Zusatzstoffe sind – alles Substanzen, die für stoffwechselgestörte Kinder Gift sind.

Falls der Test positiv ist, Ihr Kind also an Unterzuckerung leidet, ist es unumgänglich, bei der Ernährung diejenigen Kohlehydrate wegzulassen, die schnell zu Zucker verdaut werden und damit den Blutzucker zu stark erhöhen. Sie erinnern sich: Ein hoher Blutzuckerspiegel erfordert eine hohe Ausschüttung von Insulin, und dies wiederum bewirkt einen starken Abfall des Blutzuckers. (Dies gilt nicht für Menschen mit einer normal funktionierenden Bauchspeicheldrüse.)

Beachtet man diese Regeln, kann sich die Bauchspeicheldrüse langsam wieder erholen, und die Blutzuckerregulierung normalisiert sich wieder. Wer über das Thema der Unterzuckerung und ihrer Behandlung genauer Bescheid wissen will, lese mein Buch »Schlank

Lebensmittel, die bei Unterzuckerung zu meiden sind:

- **schnell verdauliche Frühstücksflocken, wie Cornflakes, Sugarpuffs usw.**
- **alle Brote, ebenso Cracker und Reiswaffeln, außer groben Körnerbroten, Pumpernickel, Sauerteigbroten**
- **alle Reissorten außer sogenanntem Parboiled-Reis, Vollreis und Wildreis**
- **Kartoffeln und Kartoffelgerichte**
- **Datteln, Rosinen und Wassermelonen, sonst sind süße Früchte verträglich; alle sauren Früchte sind zu meiden!**
- **Süßgetränke; nur verdünnter Apfelsaft ist erlaubt**
- **alle Süßigkeiten, die nicht selbst gemacht sind**

mit den richtigen Kohlehydraten« (AT Verlag), in dem diese Zusammenhänge ausführlich und verständlich beschrieben sind.

Eine chronische Unterzuckerung führt nicht nur zu den erwähnten Symptomen, sondern auf die Dauer auch zu einer langsamen Gewichtszunahme, die – unabhängig von der eingenommenen Kalorienmenge – von den die Bauchspeicheldrüse zu sehr belastenden Kohlehydraten herrührt.

Unabdingbar: Stärkung des Stoffwechsels mit Vitalstoffen

Jede Stoffwechselkrankheit – und dazu gehören die Allergien – geht mit einem Mangel an Vitalstoffen (Vitamine, Mineralstoffe) einher. Es ist erwiesen, dass ein Mangel zum Beispiel an B-Vitaminen Störungen des Hirns und des zentralen Nervensystems hervorruft. Die B-Vitamine (B1, B2, B3, B5, B6, B12, Biotin und Folsäure) sind wichtig für die Ruhigstellung des Nervensystems, für die Steuerung der Gefühlslage und die nervliche Belastbarkeit. Erst mit ihrer Hilfe kann unser Gehirn korrekt funktionieren, können wir uns konzentrieren und erinnern. Besonders die sogenannten neurotropen (auf die Nerven einwirkenden) Vitamine B1, B6 und B12 spielen hier eine überragende Rolle, und dies auch bei hyperaktiven Kindern.

Vitamin B1 ist bei vielen Menschen, nicht nur bei POS-Kindern, ein Mangelvitamin. Es wird besonders für den Kohlehydratstoffwechsel (!) benötigt, das heißt, je mehr Kohlehydrate (Brot, Süßigkeiten, Kartoffeln, Teigwaren) man isst, desto mehr Vitamin B1 benötigt man. Vitamin B1 ist vor allem in Vollkornprodukten und in Fleisch vorhanden. Bei Vitamin-B1-Mangel erscheinen auch beim »gesunden« Menschen Symptome wie Müdigkeit, Konzentrationsmangel, Gereiztheit, Stressanfälligkeit – alles in Familien mit hyperaktiven Kindern sehr bekannte Phänomene!

Vitamin B6 – ebenfalls oft ein Mangelvitamin – ist besonders wichtig für den Aminosäuren-Stoffwechsel/Eiweiß-Stoffwechsel. Bei hyperaktiven Kindern ist oft ein Mangel an den die Aktivität der Neurotransmitter bestimmenden Aminosäuren Tryptophan und Glutaminsäure feststellbar (siehe Seite 26f.).

Vitamin B12 ist wesentlich an der Blutbildung und an der Nerventätigkeit beteiligt. Ein Mangel erzeugt ebenfalls neuropsychiatrische Störungen, wie Stimmungsschwankungen und Gedächtnisverlust. Besonders bei vegetarisch ernährten Kindern kann ein Vitamin-B12-Mangel auftreten.

Omega-3- und Omega-6-Fettsäure: Die Bedeutung dieser essenziellen Fettsäuren ist unumstritten. Omega-6-Fettsäuren erhalten wir über unsere Ernährung in genügender Menge, Omega-3-Fettsäuren sind jedoch oft untervertreten. Sie sind vor allem in fettem Fisch (Sardinen, Thunfisch) und in Leinöl (erhältlich im Reformhaus) enthalten.

Algen: In der Therapie bewährt haben sich auch Algen aus dem Klamathsee. Die wild wachsende blaugrüne Uralge – auch Afaalge genannt – enthält die oben erwähnten Vitalstoffe wie Vitamine, Mineralstoffe, Fettsäuren, Aminosäuren, Fette, Nukleinsäuren (DNS und RNS) und Chlorophyll in einer ausgewogenen Mischung. POS-Kinder sprechen wie auch alle anderen Menschen sehr gut auf dieses natürliche und äußerst wertvolle Produkt an. Es ist als amerikanisches Importprodukt in Apotheken, Drogerien und zum Teil in Naturkostläden erhältlich.

Bachblüten

Bachblüten haben eine sofortige Wirkung auf Stimmungen, und besonders Kinder sprechen wunderbar auf sie an. Eine meiner Töchter hat ein hyperaktives Kind, das sie zusätzlich zur Ernährung mit Erfolg mit »Vine« therapierte.

Christel Clausnitzer erklärt in ihrem Buch »Bachblüten für Konzentrationsstörungen bei Schülern« die verschiedenen Denkzustände der Kinder und ihr Verhalten und mit welchen Blüten man ihnen helfen kann.

Kinesiologie

Allgemein guten Erfolg auf lange Sicht bringt die Kinesiologie. Durch das meist langjährige Fehlverhalten entstehen Blockaden, die oft auch eine physische Besserung verhindern. Hirnintegrationsübungen (Brain Gym) verhelfen dazu, dass die beiden Hirnhälften synchron arbeiten. Empfehlenswert sind hierzu die Bücher: »Lerngymnastik für Kinder, Brain-Gym-Übungen für Mutter und Kind« von Erich Ballinger, Knaur Taschenbuch, und »Bewegung – das Tor zum Lernen« mit speziellen Übungen für hyperaktive Kinder von Carla Hannaford, VAK-Verlag.

Achtung bei Medikamenteneinnahme und Anästhesie

Viele Medikamente werden von hyperaktiven Kindern nicht vertragen, da sie bei ihnen die gegenteilige Wirkung hervorrufen können, zum Beispiel Schnupfensprays, Nasentropfen, Codein in Hustensäften, Tranquilizer, Schlaf- und Beruhigungsmittel.

Bei homöopathischen Mitteln ist darauf zu achten, dass nur Tropfen, keine Globuli gegeben werden, da Letztere auf Milchzuckerbasis hergestellt sind. Dasselbe gilt für Schüsslersalze. Vorsicht auch bei Narkose: Folgende Narkotika werden nicht vertragen: Halothan, Fluothan. Auch keine Lokalanästhetika, die Adrenalin oder Suprarenin enthalten.

Folgende Narkotika werden vertragen: Enfluran, Isofluran und Lokalanästhetika ohne Zusätze.

Welche Ernährung befreit das hyperaktive Kind von seinen Störungen?

Es ist heute eine anerkannte Tatsache, dass die Ernährung unser körperliches und seelisches Befinden beeinflusst. Bei körperlichen Symptomen wurde der Einfluss der Ernährung auf die Krankheit bzw. auf die Gesundung von naturheilkundlich orientierten Therapeuten und Ärzten schon lange erkannt und in den Heilungsprozess integriert. So erlebe ich bei meinen Patienten immer wieder, welch eminente Bedeutung zum Beispiel das Weglassen von Milchprodukten auf den Heilungsprozess bei Allergien hat. Auch sehe ich immer wieder, wie Hautkrankheiten wie Neurodermitis, Ekzeme, Psoriasis usw. keine Chance auf Heilung haben, solange der pH-Wert der Haut nicht stimmt, das heißt, solange der Säure-Basen-Haushalt nicht geregelt wird.

Auch bei psychischen Veränderungen hat die Ernährung einen Einfluss. Besonders eindrücklich und nicht zu widerlegen demonstriert dies der Konsum von Alkohol. Dass jedoch auch andere, ganz »normale« Nahrungsmittel Verhaltensstörungen und Allergien zur Folge haben können, ist eine relativ neue Erkenntnis. Zur Erinnerung seien hier jene Lebensmittel aufgezählt, die nachweislich Verhaltensstörungen bei hyperaktiven Kindern hervorrufen können. Ich entnehme diese Liste der Dissertation von Eveline Breidenstein-Stoll. Sie schreibt:

»Bei über 20 Prozent der getesteten Kinder wurden (in absteigender Reihenfolge)

- Farb- und Konservierungsstoffe
- Kuhmilch
- Schokolade
- Trauben
- Weizen
- Zitrusfrüchte
- Käse
- Ei
- Erdnüsse, Haselnüsse
- Mais
- Fisch
- Hafer
- Melonen
- Tomaten
- Schinken

als Auslöser für Verhaltensauffälligkeiten gefunden. Unter Vermeidung der provozierenden Substanzen ließ sich das Verhalten in etwa 80 Prozent der hyperkinetischen Kinder beeinflussen, wobei sich die Störungen in etwa einem Drittel der Fälle normalisierten und in den restlichen zwei Dritteln deutlich besserten.« Wie bereits früher erwähnt, reagieren nicht alle Kinder auf alle Lebensmittel gleich stark. Die sogenannte Individualität der Unverträglichkeiten ist groß.

Meine Empfehlung ist: Beginnen Sie als Erstes mit dem strikten Weglassen aller Säuren (Fruchtsäure und Essigsäure) und aller künstlichen Süßstoffe. Oft genügt schon diese Maßnahme, um Ihr Kind nachhaltig von seinen Störungen zu befreien. Anschließend können Sie die oben angegebenen Allergene eines nach dem anderen ausprobieren. Es ist nicht nötig, alle auf einmal zu meiden, da dies die Ernährung sehr einschränkt und Sie außerdem nicht genau feststellen können, auf welches Lebensmittel Ihr Kind reagiert. Denn es sind garantiert nicht alle genannten Lebensmittel zu meiden.

Die im Rezeptteil des vorliegenden Buches verwendeten Zutaten berücksichtigen diese Erkenntnisse und schließen auch die von Eltern gegebenen Rückmeldungen ein, die von den wissenschaftlich erhobenen Daten teilweise leicht abweichen.

Eine Ernährungsumstellung ist immer eine einschneidende Maßnahme, die bei Kindern (die Vernunftsargumenten nicht leicht zugänglich sind) anfänglich besonders schwer durchzusetzen ist. Der nachfolgende 9-Punkte-Plan und die attraktiven Rezepte werden Ihnen dabei helfen. Die folgenden Ausführungen beruhen auf zahlreichen Publikationen zum Thema sowie auf dem Erfahrungsschatz der Mitverfasserin der ersten Auflage dieses Buches, Sonja Hutter, und des AEV (Arbeitskreis Ernährung und Verhalten):

- Kochen Sie aus psychologischen und praktischen Gründen **für die ganze Familie dasselbe**. Empfindlichkeiten sind vermutlich nicht nur beim verhaltensauffälligsten Mitglied der Familie vorhanden! Vielleicht werden dadurch mancher starre, aufbrausende Vater, manche missgelaunte, migräneanfällige Mutter und manche streitsüchtigen Geschwister zu entspannten, fröhlichen Mitmenschen. Solche Erfahrungen entlasten auch das betroffene Kind von der Rolle des Sündenbocks und unterstreichen das Gefühl der Zugehörigkeit.

- Bedenken Sie: Die **Ernährungsumstellung** sollte wirklich zu hundert Prozent eingehalten werden. Naschen macht alle Bemühungen zunichte. Rückfälle, auch in kleinen Mengen, bringen alle Verhaltensauffälligkeiten innerhalb weniger Minuten oder Stunden erneut zum Vorschein, und es dauert oft Tage, bis sich der Stoffwechsel wieder erholt hat.

- Natürlich sind Rückfälle unvermeidbar und meiner Meinung nach nicht nur negativ. Das betroffene Kind merkt so, wie sein eigenes Wohlbefinden durch gewisse Lebensmittel gestört werden kann bzw. dass es sich viel besser fühlt, wenn seine Anspannungen durch die richtige Ernährung wegfallen.

- Gewinnen Sie alle Familienmitglieder für einen zeitlich befristeten **Einstiegsversuch von etwa 4 Wochen**. Wählen Sie dazu einen günstigen Zeitpunkt (z. B. Ferien), und belohnen Sie die Mitarbeit Ihrer Kinder mit besonderen Freuden wie Ausflügen, Spielen und anderen Überraschungen.

- Informieren Sie alle direkten Bezugspersonen über die Ernährungsänderung (Großeltern, Erzieher, Babysitter, Nachbarn usw.).

- Bereiten Sie sich gründlich auf die Ernährungsumstellung vor. Es bewährt sich, bei Beginn alles Notwendige eingekauft und bereitgestellt zu haben.

- Entfernen Sie alle **nicht erlaubten Lebensmittel** aus Küche und Vorratsschränken (am besten verschenken).

- Machen Sie eine Liste mit denjenigen Rezepten aus diesem Buch, die Ihre Familie erfahrungsgemäß am liebsten isst, schreiben Sie die Seitenzahl dazu, und heften Sie die Liste an den Kühlschrank. Machen Sie eine Liste mit Blitzrezepten, damit Sie auch dann Kochideen haben, wenn Sie wenig Zeit zur Verfügung haben. Achten Sie darauf, dass Sie die benötigten Lebensmittel möglichst immer vorrätig haben. Heften Sie auch diese **Liste an den Kühlschrank**.

- Nehmen Sie Ihr hyperaktives Kind zum Einkaufen mit. Geben Sie ihm eine Lupe und spielen Sie mit ihm Detektiv, indem Sie alle **E-Nummern** auf den Inhaltsangaben durchlesen. Die meisten Kinder finden das spannend und machen mit Begeisterung mit.

- Wenn Sie einmal etwas mehr Zeit haben, kochen und backen Sie auf **Vorrat** und stellen Sie es in den Tiefkühler. Es kann ja sein, dass Sie einmal krank oder verhindert sind. Dies ist besonders wichtig für Süßigkeiten, wie Kuchen und Gebäck. Diese möglichst schon vorportioniert abpacken.

Rezeptteil

Hinweise zu den Rezepten

Grundsätzliche Regeln

- Meiden Sie alle Halbfertig- und Fertigprodukte.
- Achten Sie beim Einkauf auf Zusatzstoffe (E-Nummern) und vermeiden Sie diese.
- Bevorzugen Sie frische, saisongerechte Nahrungsmittel.
- Halten Sie sich nach Möglichkeit an Bioprodukte.

Einkaufsliste

- Fleisch aus artgerechter, biologischer Tierhaltung
- Kein Schweinefleisch oder wenn, dann nur Bioqualität
- Wurstwaren nur ohne jegliche Zusatzstoffe (phosphatfrei) aus Spezialmetzgerei (siehe Adressen)
- Fische nur aus gesunden Gewässern
- Gemüse, Salate, Obst aus Bioanbau; keine sauren Früchte, insbesondere keine Zitrusfrüchte
- Vorsicht mit Tomaten und Pilzen; in der Testphase weglassen
- Frische Kräuter
- Keine Kartoffel-Halbfertigprodukte und/oder -Fertigprodukte
- Sehr wenig Essig und solchen ohne Konservierungsstoffe
- Naturbelassene Öle, mit Vorteil kaltgepresstes Olivenöl
- Frucht- und Nussmuse aus dem Reformhaus
- Dinkelteigwaren ohne Eier
- Dinkelruchmehl (Type 1050), Roggen- und/oder Gerstenmehl
- Biovollreis
- Gersten-, Hirse- und Dinkelflocken
- Quinoa
- Vollrahm ohne Bindemittel
- Reismilch
- Kartoffel- oder Pfeilwurzelmehl (Marantamehl) zum Binden von Saucen
- Bio-Frischhefe
- Phosphatfreies Backpulver
- Fertigbouillon ohne Phosphatzusatz
- Steviaextraktpulver, weiß, und Steviapulver, grün
- Kräuterteemischungen
- Getrocknete Bananen, Birnen, Rosinen, ungeschwefelt

Erlaubte Lebensmittel

Fleisch

Fleischbrühe aus Huhn oder Rindfleisch selbst hergestellt
Frisches oder tiefgekühltes Muskelfleisch von allen Tieren (Bioqualität)

Fisch

Meeresfische
Meeresfrüchte
Süßwasserfische

Milchprodukte

Bratbutter, Butterschmalz
Butter
Crème fraîche (Sauerrahm), ohne Verdickungsmittel
Käse
Quark (falls als verträglich getestet), möglichst von Schaf oder Ziege
Rahm (ohne Verdickungsmittel)
Reismilch

Getreide

Brot aus dem Reformhaus oder selbst gebacken, möglichst aus Dinkel
Dinkelteigwaren ohne Eier
Gerste und Gerstenflocken
Hirse und Hirseflocken
Kuchenteig, Blätterteig selbst gemacht, aus dem Reformhaus oder aus Bio-Bäckerei
Ravioli selbst gemacht
Reis aller Art

Kartoffeln

Alle hausgemachten Zubereitungen
Pommes frites selbst gemacht
Kartoffelpüree mit Butter und Rahm-Wasser-Mischung (1:3)

Gemüse

Alle Gemüse außer Tomaten und Tomatenpüree
Paprika (Peperoni)
Sojabohnen
Spinat

Früchte

Äpfel, süß (Gala und Golden Delicious)
Bananen
Birnen
Feigen
Mango
Melonen
Papaya
Trauben
Keine Fruchtsäfte!

Süßes

Alle selbstgebackenen Kuchen mit phosphatfreiem Backpulver
Alles möglichst mit Stevia süßen
Eis aus Tee oder Fruchtpüree, mit Stevia gesüßt
Vanillezucker (Reformhaus)

Getränke

Kräuterteemischungen
Grüner Tee ohne Tein
Mineralwasser
Reismilch

Verschiedenes

Agar-Agar
Backferment, Sauerteigansatz
Backpulver (phosphatfrei) aus dem Reformhaus, Weinsteinbackpulver oder Hirschhornsalz
Essig ohne Konservierungsmittel

Frischhefe
Gewürze, getrocknet und frisch
Kartoffelstärke und Pfeilwurzelmehl (Maranta-) zum Binden
Kokosrapsel
Mandeln
Olivenöl kaltgepresst
Salatsauce, selbst gemacht, mit sehr wenig Essig
Salz, Meersalz

Verbotene Lebensmittel

Fleisch

Alle Wurstwaren außer solche ohne Zusatzstoffe aus Spezialmetzgerei (siehe Seite 157)

Fisch

Fisch-Fertiggerichte
Fischstäbchen
Tintenfischringe, paniert

Milchprodukte

Kuhmilchprodukte
Schaf- oder Ziegenmilchprodukte (falls als unverträglich getestet)
Fertigeis

Getreide

Alles aus Weizen/Weizenmehl, besonders Fertigteige
Hafer
Haferflocken

Kartoffeln

Alle Fertigprodukte

Gemüse

Tomaten
Paprika (Peperoni)
Sojabohnen
Fertigsalate mit Sauce
Spinat

Früchte

Alle sauren Früchte
Alle Fruchtsäfte

Süßigkeiten

Alle Gebäcke mit Phosphat-Backpulver und/oder Lecithin
Alle künstlichen Süßstoffe (Aspartam usw.) sind streng verboten
Fertig-Puddings und -Cremen
Fruchtsäuren (z. B. Gummibärchen)
Zucker oder Honig nur wenig/in geringen Mengen

Getränke

Cola-Getränke
Fruchtsäfte allgemein
Milch
Molke
Süße Limonaden
Tomatensaft

Verschiedenes

Bouillonwürfel
Fertig-Mayonnaise
Fertig-Salatsauce
Glutamat
Haselnüsse
Ketchup
Margarine
Phosphatbackpulver
Sojaprodukte
Tofu
Trockenhefe
Walnüsse (Baumnüsse)

Bemerkungen zu einzelnen Lebensmitteln

Bei vielen hyperaktiven Kindern wird es genügen, alle sauren Lebensmittel und alle künstlichen Süßstoffe wegzulassen, um ihnen Erleichterung zu verschaffen. Falls diese Maßnahme zu wenig Wirkung zeigt, sollten Sie der Wahl der übrigen Lebensmittel ein besonderes Augenmerk schenken. Hier ein paar Tipps und Informationen zu diversen Lebensmitteln.

Alkohol (Schnaps): Rum, Kirsch, Cognac usw. aromatisieren Teige (Gebäck), verdampfen beim Backen (Siedepunkt 78 Grad) und treiben dadurch den Teig auf.

Bouillon/Brühe: Damit ist in den Rezepten jeweils eine selbst hergestellte Brühe gemeint. Die käuflichen Bouillonwürfel oder -granulate (gekörnte Brühe) enthalten künstliche Zusätze: Geschmacksverstärker (Glutamat), Farbstoffe, Kochsalz, Hefe usw. Daher empfiehlt es sich, die Bouillon oder Brühe selbst herzustellen, vor allem, wenn sie in größerer Menge gebraucht wird. Sie lässt sich auch portionenweise einfrieren. Die im Reformhandel erhältliche Bouillon von Morga ist recht gut verträglich.

Butter, Margarine, Öl: Verwenden Sie zum roh Essen stets frische Butter. Zum Backen und zum Abschmelzen, für Butterflocken und zum Ausbuttern von Formen nehmen Sie ebenfalls Butter; sehr gut bewährt sich dafür ebenso wie zum Kochen und Backen auch Olivenöl und ungehärtetes Kokosfett aus dem Reformhaus. Margarine enthält chemische Zusätze und ist nicht zu empfehlen. Verwenden Sie für Salate nur kaltgepresste Öle, empfehlenswert ist Olivenöl. Maiskeimöl eignet sich für diese Ernährung nicht! Ganz zu vermeiden sind Pflanzenöl-Cremen; sie enthalten viele Zusatzstoffe und auch Salz.

Dörrfrüchte: Alle im konventionellen Handel erhältlichen Dörrfrüchte sind geschwefelt und zum Teil mit Zucker angereichert. Kaufen Sie ungeschwefelte Dörrfrüchte (im Naturkost- und Reformhandel erhältlich). Achtung: Auch hier darauf achten, dass die Früchte nicht gezuckert sind (z. B. Ananasschnitze, Mangos).

Eistee: Dieses beliebte Kindergetränk kann man gut selbst herstellen: 2 Liter Wasser aufkochen, 1 Apfel, geschält und geviertelt, 1 halbierte und ausgepresste Zitrone (Bioqualität), 15 frische (oder getrocknete) Lindenblütendolden, 2 Zweige Zitronenmelisse oder Pfefferminze, 2 Beutel Hagebuttentee, 1 Beutel Grüntee zugeben und zugedeckt 10 Minuten stehen lassen. Absieben und nach Belieben mit Stevia süßen.

Essig: Den meisten Essigsorten werden Zusatzstoffe beigegeben. Sie sind daher für diese Ernährungsform nicht geeignet. Halten Sie sich an natürlichen Apfelessig oder Weinessig; sie sind im Reform- oder Naturkosthandel erhältlich. Verwenden Sie nur ein paar Tropfen davon. Essigsäure ist für hyperaktive Kinder nicht verträglich.

Gemüse und Obst: Am besten schmecken Salate und Gemüse, wenn sie Saison haben. Halten Sie auf dem Wochenmarkt Ausschau nach Frischware, wenn möglich aus biologischem Anbau. Dasselbe gilt auch für Obst. Saure Früchte, insbesondere Zitrusfrüchte sind wegen allgemeiner Unverträglichkeit wegzulassen.

Getreide, Mehl: Bevorzugen Sie Getreide und Mehl aus biologisch-organischem oder biologisch-dynamischem Anbau. Für den alltäglichen Gebrauch steht bei uns das Weizenmehl an erster Stelle; viele Menschen leiden aber an einer Weizenunverträglichkeit oder -allergie. Sie können die meisten Rezepte auch mit anderen Mehlen zubereiten, z. B. Dinkelmehl, Roggenmehl, Gerstenmehl oder einer Mischung dieser Mehle, eventuell auch mit einem Anteil Reismehl. Nur wo ausdrücklich vermerkt, ist helles Weizenmehl (Weißmehl, Type 405) gemeint; sonst verwenden Sie Halbweißmehl (Type 812) oder Dinkelruchmehl (Type 1050). Für Brote können Sie Halbweißmehl (Type 812), Ruchmehl (Type 1050) und Vollkornmehl mischen.

Hefe: Wenn in den Rezepten Hefe verwendet wird, ist immer Frischhefe gemeint (in Würfeln zu 42 g oder in Bäckereien offen erhältlich). Trockenhefe enthält Emulgator und ist für diese Ernährungsform nicht geeignet. Sehr gut verträglich ist Bio-Hefe.

Kräuter: Geizen Sie nicht damit! Im Sommer haben Sie vielleicht selbst angebaute Kräuter aus dem Garten, vom Balkon oder Fenstersims, sonst kaufen Sie sie auf dem Wochenmarkt. Im Winter greifen Sie auf getrocknete Mischungen zurück. Da in den Rezepten oft an Stelle von Bouillon Wasser verwendet wird, ist die Zugabe von Kräutern unentbehrlich.

Milch, Rahm (Sahne): Milch wird bei Stoffwechselkrankheiten meist nicht vertragen, daher weglassen! An Stelle von Milch eine Rahm-Wasser-Mischung im Verhältnis 1:3 verwenden (z. B. 100 ml Rahm und 300 ml Wasser). Sämtliche Produkte, deren Grundstoff Milch ist, also Joghurt, Quark, Mascarpone, Molke, Buttermilch, Weich- und Hartkäse, Schmelzkäse, sind ebenfalls wegzulassen. Die Verträglichkeit von Joghurt und Rahm können Sie selbst austesten. Bei Sauerrahm (Crème fraîche) und Rahm (Sahne) achten Sie darauf, dass sie keine Bindemittel enthalten (Deklaration beachten), ultrahocherhitzter Rahm und Halbrahm enthalten Bindemittel und sollten deshalb gemieden werden, Kaffeerahm enthält Stabilisatorsalze. Es ist möglich, dass ganz kleine Mengen Ziegenkäse oder Schafmilchkäse verträglich sind. Achten Sie jedoch auf die genaue Deklaration, oft werden diese Sorten mit Kuhmilch gemischt, im Zweifelsfall nachfragen. Als Ersatz für Milch ist im Reform- oder Naturkosthandel Reismilch (in Tetra-Packung) erhältlich. Sie ist vielseitig verwendbar, wie etwa zur Zubereitung von Milchreis oder zum Anrühren von Flocken. Reismilch sollte jedoch nicht als Ersatzgetränk an Stelle von Milch verwendet werden. Von Sojamilch, Sojajoghurt usw. raten wir ab. Viele Milcheiweißallergiker vertragen Sojaeiweiß nicht.

Nüsse: Von den vielen Nusssorten vertragen hyperaktive Personen lediglich Mandeln. Diese wirken im Körper nicht säurebildend. Im Handel sind verschiedene Sorten Mandelmus erhältlich: weißes Mandelmus und Mus aus gerösteten Mandeln (braun). Es eignen sich beide für alle Zubereitungsarten. Es dient als Brotaufstrich, in Salatsaucen, zur Zubereitung von Nachspeisen. Nussmus aus Haselnüssen, Baumnüssen oder Erdnüssen werden häufig nicht vertragen.

Paniermehl: Brot mit einer Gemüseraffel, Mandelmühle oder im elektrischen Blitzhacker (Cutter) zerkleinern oder an der Bircherraffel fein reiben. Anschließend durch ein Sieb streichen. So erhält man ein besonders feines, gleichmäßiges Paniermehl. Oder: Frisches Brot in feine Scheiben schneiden, auf einem Blech im Backofen trocknen. Anschließend in einen Plastiksack geben und mit dem Teigroller zerkleinern.

Rahm (Sahne), Mehl-Butter-Mischung zum Binden: Scheint Ihnen die Rahmzugabe zu reichlich, können Sie sie ohne Weiteres reduzieren und stattdessen etwas mehr Wasser nehmen. Damit das Gericht oder die Sauce nicht zu dünnflüssig wird, binden Sie diese folgendermaßen: Verkneten Sie 1–2 TL zimmerwarme Butter oder Olivenöl mit 2 TL Mehl, und geben Sie diese Mischung langsam portionenweise der kochenden Flüssigkeit bei. Oder Sie rühren 1 TL Kartoffel- oder Marantamehl (Pfeilwurzelmehl) mit wenig Wasser an und fügen es bei. Das Gericht wird damit aber nicht ganz so fein wie mit der Mehl-Butter-Mischung.

Schinken, Speck, Brät, Salami usw.: Überall, wo diese Fleisch- und Wurstwaren verwendet werden, sind selbstverständlich nur zusatzstofffreie Produkte gemeint. Diese erhalten Sie neben anderen Wurstwaren auf Bestellung bei verschiedenen spezialisierten Metzgereien oder im spezialisierten Internethandel.

Teige: Meiden Sie gekaufte Fertigteige, sie enthalten Konservierungsmittel, meistens Propionsäure und ihre Salze. Machen Sie die Teige selbst, Rezepte dazu finden Sie in diesem Kochbuch.

Vanillezucker: In einigen Rezepten (Desserts, Backwaren) wird Vanillezucker verwendet. Er ist nicht zu verwechseln mit Vanillinzucker, der künstliche Aromen enthält. Vanillezucker ist im Reform- oder Naturkosthandel erhältlich oder lässt sich selbst herstellen. Geben Sie dazu in ein Schraubglas ca. 100 g Zucker und fügen Sie die aus 2 Vanilleschoten herausgekratzten Samen bei. Etwa zwei Wochen ruhen lassen, dann ist der Zucker herrlich aromatisiert und kann nach Rezeptangabe verwendet werden (nur teelöffelweise in kleinen Mengen).

Zucker: Menschen, die an Stoffwechselkrankheiten leiden, sind oft Süßem sehr zugetan. Unser Zuckerkonsum beträgt inzwischen 50 kg pro Jahr und Person. Alle weißen Zuckerarten sind chemisch reine Substanzen, also »leere« Kalorienträger. Sie werden vom Körper nicht benötigt und sind in unserer Ernährung entbehrlich.

Neben dem Zucker, den wir in unserer Küche brauchen (etwa ein Viertel des Gesamtkonsums) nehmen wir in Fertig- und Halbfertigprodukten und oft dort, wo wir ihn gar nicht vermuten, z. B. in Wurstwaren, Fertigsaucen und -suppen, Salatdressings, Tomatenketchup, Bouillonwürfeln Zucker zu uns. Grundsätzlich muss auf gekauften Produkten lediglich der weiße Fabrikzucker deklariert werden; auf der Verpackung steht dann: Glukosesirup, Maltose, Fructose, Laktose und modifizierte Stärke, dies sind alles Namen für verschiedene Zuckerarten. Ein Becher Fruchtjoghurt kann bis zu 6 Stück Würfelzucker enthalten.

Bei dieser Ernährungsform sollte auf jegliches Süßen der Speisen mit herkömmlichen Süßstoffen verzichtet werden. In den vorliegenden Rezepten empfehlen wir zum Süßen **Stevia**. Die in Südamerika heimische Steviapflanze wird dort seit Jahrhunderten als Süßmittel gebraucht. Bei uns sind in der Drogerie folgende Steviaprodukte erhältlich: Steviablätter, getrocknet und zerkleinert, Steviapulver oder -puder, grün (pulverisierte Blätter), Steviaextrakt, flüssig. Das grüne Steviapulver wird zum Süßen von Getränken, als Beigabe in Müesli, über Kuchen gestreut usw. verwendet. Es besitzt die 30-fache Süßkraft von Haushaltzucker. Im Gegensatz zu den künstlichen Süßstoffen (Assugrin usw.) ist Stevia ein reines Naturprodukt, bei dem keine toxischen Nebenwirkungen feststellbar sind. Zu den Zuckerprodukten werden auch Birnendicksaft, Honig, Ahornsirup, Palmzucker, Dattel- oder Malzextrakt sowie Agavensirup gezählt. Diese Süßmittel sind nicht ganz so stark verarbeitet wie der isolierte Zucker. Trotzdem handelt es sich auch dabei um konzentrierte Süßmittel, die, im Übermaß genossen, die gleichen negativen Auswirkungen auf den Organismus haben wie weißer Zucker.

Zuckerwasser aus Stevia: Getrocknete Steviablätter mit heißem Wasser übergießen, kurz ziehen lassen, dann abfiltern. Das so gewonnene »Zuckerwasser« kann beliebig zum Süßen von Kaffee, kalten Cremen, Sirup, Glace oder selbst gemachtem Fruchtmus verwendet werden und ist über Monate haltbar.

Frühstücksideen, Brot und Brötchen

- Nur Bioprodukte verwenden!
- Keine fertigen Frühstücksflocken und Flockenmischungen, die Flocken selbst mischen.

Brot und Brötchen

- Im Reformhaus oder Naturkostladen gibt es feine Brote aus gesunden Zutaten, z. B. Dinkelbrot oder Dinkelzopf (auch hier auf die Zusammensetzung achten).
- Oder Brot selbst backen, am besten eine größere Menge und einen Teil einfrieren.
- Mit Biohefe gebacken, hält sich Brot länger feucht.
- Dinkelmehl mit Roggenmehl oder zur Abwechslung mit wenig Gerstenmehl mischen oder andere Mischungen verschiedener Mehlsorten ausprobieren.
- Zopf schmeckt auch ausgezeichnet, mit Oliven- oder Sonnenblumenöl statt Butter und Reismilch statt Rahm-Wasser-Mischung.
- Knäckebrot aus reinem Roggenmehl, nach Belieben mit Sesam bestreut.

Als Brotbelag

- Selbst gemachtes Zwetschgenmus.
- Pflaumen-Bananen-Aufstrich.
- Mandelmus.
- Wenig Schaf- oder Ziegenkäse.

Als Getränke

- Kräutertee, Grüntee, Wasser, Reismilch.

Dinkel-Hirse-Müesli

Für 1 Person

2 EL Dinkelflocken
2 EL Hirseflocken
wenig Wasser zum Einweichen
½ Birne
½ Banane
1 TL geriebene Mandeln
2 Tropfen Stevia
2–3 EL Reismilch

Die Dinkelflocken kurz in ganz wenig Wasser einweichen. Mit den Hirseflocken mischen. Den Birne fein reiben, die Banane in Rädchen schneiden und mit den übrigen Zutaten unter die Flocken mischen.

Tipp:
Je nach Saison können auch andere nicht saure Früchte verwendet werden.

Dinkelmüesli

Für 1 Person

2–3 EL Dinkelflocken
wenig Wasser zum Einweichen
1 Birne
1 TL Mandelpüree
2 Tropfen Stevia
2–3 EL Reismilch

Die Dinkelflocken etwa 5 Minuten in wenig Wasser einweichen.
Die Birne auf der Bircherraffel fein reiben und mit den anderen Zutaten unter die Flocken mischen.

Pflaumenmus

500 g reife Pflaumen
½ Stange Zimt
oder etwas Vanillepulver

Die Pflaumen klein schneiden und weich kochen. Wenn sie gar sind, pürieren. Das Püree zurück in den Topf geben, Zimt oder Vanillepulver hinzufügen und das Püree bei ganz kleiner Hitze langsam zu einem Mus eindicken lassen.
In Schraubgläser füllen und im Kühlschrank aufbewahren.

Tipps:
Auch tiefgekühlte Pflaumen eignen sich für diese Zubereitung.
Am Ende der Kochzeit probieren und eventuell mit einigen Tropfen Stevia süßen.

Pflaumen-Bananen-Aufstrich

125 g ungeschwefelte getrocknete Pflaumen ohne Stein
etwas abgeriebene Zitronenschale (Bioqualität)
5 EL Wasser
120 g Banane, vollreif
1 Msp. Salz
Zimt- und Vanillepulver

Die Pflaumen in Stücke schneiden, die abgeriebene Zitronenschale dazugeben und mit dem Wasser über Nacht einweichen. Anschließend zusammen mit der Banane und den Gewürzen im Mixer pürieren.
Die Masse abschmecken und durchziehen lassen.
Im Kühlschrank aufbewahrt, hält sich der Aufstrich etwa 5 Tage.

Mandelmusdrink

2 EL Mandelmus, weiß
¼ l Wasser
200 ml Mangosaft
1 Banane

Alle Zutaten zusammen in den Mixer geben und 2–3 Minuten gut durchmixen.

Tipp:
Statt der Banane können Sie einige frische Beeren oder andere Früchte mitmixen.

Urbrot aus der Pfanne

300 g Gerstenmehl
1 TL Salz
2 EL Olivenöl
200 ml Wasser

Mehl, Salz und Öl mischen. Das Wasser nach und nach mit einer Gabel dazurühren, bis ein klebriger Teig entsteht. Den Teig kurz kneten, dann etwa 15 Minuten ruhen lassen.
Den Teig zu 4 Kugeln formen, diese platt drücken und etwa 3 mm dick auswallen.
Die Fladen in einer Bratpfanne ohne Fettzugabe bei mittlerer bis guter Hitze beidseitig bräunen. Schmeckt lauwarm sehr fein!

Backfermentbrot

Am Beispiel eines Roggen-Dinkel-Brots

Erste Stufe am Vorabend

Für den Vorteig:

1 gehäufter TL Backferment-Granulat (Reformhaus)
400 ml warmes Wasser (30 Grad)
400 g Dinkelruchmehl (-graumehl)
1 EL Grundansatz (im Reformhaus bestellen)

Das Backferment-Granulat klumpenfrei im warmen Wasser auflösen. Mit dem Mehl zu einem Brei verrühren. Bei einer Raumtemperatur von wenigstens 20 Grad mindestens 12 Stunden stehen lassen (längere Zeit schadet nicht).
Der Teig darf keinesfalls abtrocknen, daher mit einer Klarsichtfolie direkt auf dem Teig und zusätzlich mit einem feuchten Tuch bedecken. Nach 12 Stunden sollte der Vorteig fertig sein; er steigt dann nicht mehr hoch, und wenn die oberste Schicht aufgerissen wird, zeigen sich viele Gärbläschen.
Von diesem Teigansatz können Sie 2 EL für einen späteren Backvorgang abnehmen und in einem Schraubglas im Kühlschrank aufbewahren. Der Teigansatz hält sich mehrere Monate.

Zweite Stufe am folgenden Morgen

Für den Hauptteig:

600 g Roggenmehl
2 TL Salz
300 ml Wasser (55 Grad – unbedingt messen, sonst gelingt der Teig schlecht!)

Das Salz gut unter das Mehl mischen.
Wasser und Mehl zum Teigansatz geben, alles miteinander vermengen, mit einem feuchten Tuch bedecken und an einem warmen Ort etwa 1 Stunde gehen lassen. Der Teig sollte dann eine gute Lockerung zeigen und etwas aufgegangen sein.
Den Teig in gebutterte Cakeformen füllen und mit lauwarmem Wasser bestreichen.
Die Brote mit einem feuchten Tuch bedeckt an einem warmen Ort noch einmal 30–45 Minuten gehen lassen.
Die Gärzeit ist beendet, wenn das Brot etwas abgeflacht ist und sich an seiner Oberfläche feine Risse zeigen.
Backen: Den Ofen auf 230 Grad vorheizen.
Die Cakeformen zusammen mit einer Schale mit heissem Wasser auf der untersten Rille einschieben. Nach 10 Minuten die Schale Wasser entfernen, die Ofentemperatur auf 200 Grad reduzieren und die Brote 35–40 Minuten fertig backen. Das Brot soll, wenn man auf die Unterseite klopft, hohl tönen.

Dinkelfladen mit Sesam

150 g Dinkelruchmehl (Type 1050)
50 g Reismehl (im Reformhaus mahlen lassen)
1 TL Meersalz
50 ml Olivenöl
100 ml Wasser
Sesamsamen

Alle Teigzutaten gut mischen und zu einem weichen Teig verarbeiten. Mit einem feuchten Tuch bedeckt 30 Minuten ruhen lassen.
Den Teig nochmals gut durchkneten. Auf Sesamsamen zu beliebig großen hauchdünnen Fladen auswallen. Auf ein mit Backpapier ausgelegtes Blech legen.

Backen: Den Ofen auf 200 Grad vorheizen und die Fladen etwa 5 Minuten goldbraun backen.

Tipp:
Die Fladen sind in einer gut verschlossenen Blechdose ein paar Wochen haltbar.
Ein feiner Snack für zwischendurch oder zum Aperitif.

Hausbrot

1,5 kg Dinkelruchmehl (Type 1050)
oder 1,2 kg Dinkelruchmehl und
300 g Roggenvollkornmehl
3 gehäufte TL Salz
15 g Frischhefe
900 ml Wasser

Das Mehl in eine große Teigschüssel geben, das Salz daruntermischen.
Die Hefe mit etwas lauwarmem Wasser auflösen und zusammen mit dem Wasser zum Mehl gießen. Alles gut mischen und etwa 15 Minuten von Hand oder 5–7 Minuten mit der Küchenmaschine kneten. Den Teig mit einem feuchten Tuch bedecken und 2–3 Stunden gehen lassen, bis das Volumen sich verdoppelt hat.
Nach dem Aufgehen den Teig nochmals kurz kneten, in drei Teile schneiden und jeden zu einem Brotlaib formen. Die Laibe auf ein Blech legen, bemehlen und einschneiden.

Backen: Den Ofen auf 230 Grad vorheizen. Die Brote zusammen mit einer Schale mit heißem Wasser auf der untersten Rille einschieben, 10 Minuten backen, dann die Temperatur auf 180 Grad zurückschalten und die Brote weitere 25–30 Minuten backen. Das Brot soll, wenn man auf die Unterseite klopft, hohl tönen.

Tipp:
Aus demselben Teig können Sie auch kleine Brötchen formen, beliebig einschneiden. In diesem Fall beschränkt sich die gesamte Backzeit auf 20–25 Minuten, je nach Größe der Brötchen.

Früchtebrot

½ Menge Hausbrot-Teig (Seite 64)
600 g gemischtes Dörrobst (Birnen, Zwetschgen, Feigen, Rosinen, Äpfel usw.)
½ Zitrone (Bioqualität), abgeriebene Schale
200 ml Wasser
2 EL Kürbiskerne
1 TL Birnbrotgewürz

Den Brotteig nach Rezept zubereiten. Das Dörrobst in grobe Stücke schneiden. Mit der abgeriebenen Zitronenschale und 200 ml Wasser mischen und über Nacht oder mindestens 2–3 Stunden einlegen. Das Dörrobst zusammen mit den Kürbiskernen und dem Birnbrotgewürz in den fertig aufgegangenen Teig einarbeiten. (Anfänglich scheinen es zu viele Früchte zu sein; wenn alles gut gemischt ist, stimmt das Verhältnis aber.) Den Teig in eine gebutterte Cakeform von 28 cm Länge füllen.

Backen: 45–50 Minuten im auf 200 Grad vorgeheizten Ofen. Die Oberfläche eventuell gegen Ende der Backzeit mit Alufolie bedecken, da sonst die Früchte zu dunkel werden.

Tipps:
Man kann den Teig auch in Portionenförmchen füllen. Backzeit: je nach Größe 25–35 Minuten.
Das Früchtebrot als Zwischenmahlzeit anstelle von Brot mit Konfitüre oder Honig genießen.
Das Früchtebrot ist 8–10 Tage haltbar. Fest in Folie eingepackt und im Kühlschrank aufbewahrt sogar 2–3 Wochen.

Salate

- Nur Bioprodukte verwenden.
- Kaltgepresstes Olivenöl und Essig ohne Konservierungsmittel verwenden, keinen Zitronensaft.
- Keine fertigen Salatsaucen und Dressings.
- Anstelle von fertigen Gewürzmischungen Salz, Pfeffer und frische oder getrocknete Kräuter.
- Keine Fertigsalate, sie enthalten Konservierungsstoffe.
- Nach Möglichkeit Salate und Gemüse aus biologischem Anbau.
- Keine Maiskörner, weder frisch noch aus der Dose.
- Tomaten vermeiden.
- (Paprika) Peperoni nur verwenden, wenn als verträglich ausgetestet.

Gemischter Salat

1 Kopf Blattsalat
2 Karotten
1 Kohlrabi
1 kleine Gurke
1 Fenchelknolle
1 Stange Sellerie
1 TL Senf
½ EL Essig
5 EL kaltgepresstes Olivenöl
Salz, Pfeffer aus der Mühle
1–2 EL Kürbiskerne oder Sonnenblumenkerne

Den Salat mundgerecht zerkleinern.
Sämtliches Gemüse in feine Scheiben oder Stäbchen schneiden.
Senf, Essig und Olivenöl gut verrühren, mit Salz und Pfeffer abschmecken. Salat und Gemüse beigeben und gut vermischen.
Die Kürbis- oder Sonnenblumenkerne in einer Pfanne ohne Fettzugabe rösten und über den Salat streuen.

Tipp:
Für ein einfaches Sommeressen 1–2 in Scheiben geschnittene Würste (Brühwurst, z. B. Cervelat) daruntermischen (Spezialmetzgerei, Würste ohne Zusatzstoffe).

Teigwarensalat

250 g Dinkelteigwaren ohne Ei

Sauce:
1 TL Senf
¼ TL Salz
Pfeffer aus der Mühle
½ EL Essig
3 EL kaltgepresstes Olivenöl
½ Knoblauchzehe, gepresst
2 Avocados (Bioqualität) oder Gemüsemischung
1 Dose Thunfisch (ca. 200 g), abgetropft, zerzupft

Die Teigwaren in Salzwasser bissfest kochen, abgießen, kalt abspülen und gut abtropfen lassen.
Für die Sauce den Senf mit Salz, Pfeffer und dem Essig verrühren, die Knoblauchzehe dazupressen und das Öl darunterrühren.
Die Avocados halbieren, den Stein entfernen, die Früchte schälen und in kleine Würfel schneiden.
Damit sie sich nicht verfärben, sofort mit einem Teil der Salatsauce vermischen.
Die Teigwaren mit der restlichen Sauce mischen und abwechselnd mit den Avocados und dem Thunfisch in eine Salatschüssel schichten.

Crudités mit Gemüsedip

Diverse Gemüse, z. B. Stangensellerie, Karotten, Radieschen, Gurken, (Paprika) Peperoni, Rettich, weißer Chicorée, in 10 cm lange Stäbchen geschnitten

Gemüsedip:
½ kleine Zwiebel
100 g Radieschen
100 g Salatgurke
100 g Karotten
Salz, Pfeffer aus der Mühle, Essig
1 EL Schnittlauch, fein geschnitten

Für den Gemüsedip alle Zutaten außer dem Schnittlauch im Cutter oder Mixer pürieren. Eventuell ganz wenig Wasser beifügen.
Den Schnittlauch daruntermischen.

Tipp:
Diese Gemüsestäbchen sind bei Kindern – selbst bei Gemüsemuffeln – die absoluten Favoriten.
Zusammen mit einem Butterbrot ein wunderbares Abendessen oder eine feine Zwischenmahlzeit.

Kartoffelsalat

1 kg Kartoffeln, festkochend
150 ml Gemüsebouillon (aus dem Reformhaus)
1 TL Salz
1 EL Weißweinessig

Sauce:
½ EL Senf
3–4 EL Wasser
2 EL kaltgepresstes Olivenöl
Schnittlauch und Majoran, fein geschnitten

Die Kartoffeln in der Schale über Dampf oder im Dampfkochtopf knapp weich kochen, leicht auskühlen lassen, schälen und in nicht zu dünne Scheiben schneiden.
Die Bouillon aufkochen, Salz und Essig beigeben und über die Kartoffeln gießen. Mindestens 30 Minuten ziehen lassen. Danach noch verbleibende Flüssigkeit abgießen. Für die Sauce alle Zutaten mischen und unter die Kartoffeln mischen. Nochmals abschmecken.

Zucchini-Karotten-Salat

Florentiner Art

500 g Zucchini, in feine Scheiben geschnitten
500 g Karotten, geschält oder geschabt, in feine Scheiben geschnitten
4 EL Olivenöl
½ EL Essig
1 EL frischer Basilikum, grob geschnitten
Salz, Pfeffer aus der Mühle

Zucchini und Karotten getrennt über Dampf knackig kochen. Gut abtropfen lassen, mischen, mit Salz und Pfeffer würzen.
Das Olivenöl mit dem Essig mischen und über das noch lauwarme Gemüse gießen. Etwas ziehen lassen, dann mit dem Basilikum bestreuen. Den Salat lauwarm oder kalt servieren.

Tipp:
Diese italienische Spezialität schmeckt hervorragend zu grilliertem Fleisch.

Patissonsalat mit Sauce Vinaigrette

2 junge Patissons (Bischofsmützen), ca. 500 g, in feine Scheiben geschnitten

Sauce:
½ Bund Petersilie, fein gehackt
½ Bund Schnittlauch, fein geschnitten
1 kleine Zwiebel, fein gehackt
1 Knoblauchzehe, gepresst
1 TL frischer Basilikum, fein geschnitten
½ EL Essig
4 EL kaltgepresstes Olivenöl
½ TL Salz
Pfeffer aus der Mühle
einige grüne oder schwarze Oliven

Die Patissonscheiben portionenweise in einer Pfanne ohne Fett auf beiden Seiten goldbraun braten. Die Scheiben fächerartig auf 4 Tellern anrichten, leicht salzen.
Für die Sauce alle Zutaten zu einer sämigen Sauce verrühren und über die Patissonscheiben giessen.
Mit grünen oder schwarzen Oliven garnieren, lauwarm servieren.

Nüsslisalat mit Knoblauchbrot

50 g Frühstücksspeck (Spezialmetzgerei), in feine Streifchen geschnitten
5 EL kaltgepresstes Olivenöl
1 EL Essig
1 TL Provencekräuter
Salz, Pfeffer aus der Mühle, Paprika
250 g Nüsslisalat (Feldsalat)
nach Wunsch einige frische Champignons, in feine Scheibchen geschnitten

Knoblauchbrot:
50 g Butter
4 Knoblauchzehen
4 Scheiben Dinkelbrot

Den Speck ohne Fett in einer Bratpfanne knusprig braten.
Alle Zutaten zur Salatsauce verrühren und mit dem Nüsslisalat (und nach Belieben den Champignons) vermischen.
Für das Knoblauchbrot die Butter leicht schaumig rühren und den durchgepressten Knoblauch daruntermischen. Die Brotscheiben dick damit bestreichen und im 220 Grad heißen Ofen backen, bis die Butter geschmolzen ist.

Tipp:
Auch mit Lollo bianco oder rosso oder Endivie schmeckt dieser Salat ausgezeichnet.

Goldhirsesalat

200 g Hirse
200 ml Wasser
1 Tomate (falls verträglich, sonst weglassen)
½ Zucchini
½ gelbe Peperoni (Paprika) (falls verträglich, sonst durch anderes Gemüse ersetzen)
½ TL Currypulver

Sauce:
1 EL Essig
Salz, frische Kräuter, gehackt
Pfeffer aus der Mühle
4 EL Olivenöl

Die Hirse mit dem Wasser aufkochen, bei mittlerer Hitze 5 Minuten köcheln lassen, von Zeit zu Zeit umrühren, dann zugedeckt 40 Minuten auf der ausgeschalteten Herdplatte nachquellen lassen, dabei öfter umrühren.
Die Hirse auskühlen lassen.
Das Gemüse klein würfeln. Die Salatsauce anrühren. Beides mit der Hirse mischen und mit dem Currypulver abschmecken.

Tipp:
Dazu schmeckt ein kurz gebratenes Gemüse, wie z. B. Aubergine, Zucchini, Patisson. Das Gemüse in feine Scheiben schneiden, mit Salz und Pfeffer würzen und im Olivenöl kurz braten.

Suppen

- Nur Bioprodukte verwenden!
- Keine Beutelsuppen.
- Nach Möglichkeit keine Fertigbouillonwürfel.
- Nur verträgliche Gemüse verwenden.
- Keine Hafersuppe.
- Wenn zum Binden Mehl verwendet wird, dann Dinkelmehl.

Minestrone

1 EL Olivenöl
1 Zwiebel, gehackt
1 Knoblauchzehe, fein gehackt
½ Stange Lauch, in feine Streifen geschnitten
100 g grüne Gartenbohnen, halbiert
100 g Erbsen, tiefgekühlt, oder 300 g frische Erbsen (mit Hülsen; ergibt ca. 100 g enthülst)
2 Stangen Staudensellerie, in Streifen geschnitten
200 g Karotten, in ½ cm dicke Rädchen geschnitten
200 g Zucchini, fein gewürfelt
200 g Kartoffeln, fein gewürfelt
200 g Wirsing, in grobe Stücke zerteilt
200 g geschälte Tomaten (nur falls veträglich, sonst weglassen)
2 l Wasser
200 g Rundkornreis (Vialone)
½ EL Petersilie, gehackt
1 EL Basilikum, fein geschnitten
Salz, Pfeffer aus der Mühle

Das Olivenöl erwärmen und die gehackte Zwiebel, den Knoblauch und den Lauch darin kurz andämpfen. Die Bohnen, die Erbsen und das restliche Gemüse dazugeben, salzen und etwa 5 Minuten mitdünsten. Das Wasser dazugießen, alles aufkochen und anschließend bei schwacher Hitze zugedeckt etwa 1 Stunde ziehen lassen.
Die Suppe erneut aufkochen, den Reis dazugeben und einmal kräftig umrühren. Sobald die Suppe wieder kocht, die Hitze reduzieren. Unter gelegentlichem Rühren den Reis 15–20 Minuten knapp gar kochen. Vor dem Servieren die geschnittenen Kräuter darüberstreuen.

Tipps:
Je nach Saison kann auch anderes Gemüse verwendet werden, z. B. Spinat, Spargelspitzen, Kürbis, Patisson.
Bei Verträglichkeit Pecorino darüber streuen.

Kartoffelsuppe nach Emmentaler Art

1 kg Kartoffeln, geschält, gewürfelt
½ Stange Lauch, klein geschnitten
2 Karotten, geschält, klein geschnitten
1 Zwiebel, gehackt
1 EL Öl
1 l Wasser oder Gemüsebouillon
1 EL frischer Majoran, gehackt
2 EL Petersilie, gehackt
Salz, Pfeffer aus der Mühle,
Muskatnuss
½ EL Essig

Das Öl erwärmen und das vorbereitete Gemüse 3–4 Minuten darin andämpfen, Wasser oder Bouillon dazugießen und alles 30 Minuten kochen lassen.
Mit dem Stabmixer pürieren.
Majoran und Petersilie hacken und zur Suppe geben. Mit Salz und Pfeffer und Muskatnuss würzen.
Vor dem Anrichten den Essig beifügen.

Tipp:
Nach Belieben geröstete Brotwürfelchen dazu servieren.

Brokkolisuppe

1 Zwiebel, fein gehackt
1 EL Öl
750 g Brokkoli, in Röschen zerteilt
¾ l Wasser oder Gemüsebouillon
Salz, Pfeffer aus der Mühle,
Lorbeerblatt, wenig Thymian
4 EL Crème fraîche
1 EL Basilikum, fein geschnitten

Die Zwiebel im Öl andämpfen, den Brokkoli beigeben und mit der Bouillon oder dem Wasser ablöschen. Salz, Pfeffer, Lorbeerblatt und Thymian beigeben und alles zusammen etwa 25 Minuten kochen lassen.
Das Lorbeerblatt entfernen und die Suppe mit dem Stabmixer pürieren. Nochmals aufkochen, die Crème fraîche und den Basilikum beigeben, eventuell nachwürzen.

Tipp:
Die Crème fraîche, bevor man sie beigibt, mit etwas Suppe gut verrühren, so bilden sich keine Klümpchen.

Karottensuppe

500 g Karotten, geschält, in Scheiben geschnitten
1 Kartoffel, geschält, in Scheiben geschnitten
1 Zwiebel, grob gehackt
1 EL Öl
1 l Wasser oder Gemüsebouillon
Salz, Pfeffer aus der Mühle
1 EL Crème fraîche

Das Öl erwärmen und das vorbereitete Gemüse darin etwas andünsten. Mit der Bouillon oder dem Wasser ablöschen und alles zugedeckt 20 Minuten köcheln lassen. Mit dem Stabmixer pürieren, mit Salz und Pfeffer abschmecken und nach Belieben mit der Crème fraîche verfeinern.

Tipp:
Eine Prise Curry, zusammen mit dem Gemüse angedünstet, gibt dieser Suppe einen besonderen Pfiff.

Kürbissuppe

1 kg Kürbis, entkernt, geschält und in grobe Stücke geschnitten
1 Karotte, geschält, grob geschnitten
1 Kartoffel, geschält, grob geschnitten
½ Stange Lauch, in Stücke geschnitten
1 große Zwiebel, grob gehackt
1 l Wasser oder Gemüsebouillon
2 Lorbeerblätter
Salz, Pfeffer aus der Mühle, Curry, Muskatnuss, gerieben
evtl. 1 Zweig Selleriekraut, fein gehackt

Alle Gemüse zusammen mit der Bouillon oder dem Wasser und den Lorbeerblättern aufsetzen und 30–40 Minuten leise köcheln lassen. Die Lorbeerblätter entfernen, die Suppe durch ein Sieb passieren oder mit dem Stabmixer fein pürieren. Mit Salz, Pfeffer, Curry und Muskatnuss abschmecken, das fein gehackte Selleriekraut beifügen.

Tipps:
Kürbis hat ab September bis Ende Winter Saison.
Mit einem frisch gebackenen Brot oder mit gerösteten Brotwürfelchen ergibt dies ein feines Abendessen.

Gehacktes

500 g gehacktes Rindfleisch
2 EL Öl
1 EL Dinkelmehl
1 TL Paprika
1 Zwiebel, fein gehackt
1 Knoblauchzehe, gepresst
2–3 EL Kräuter, z. B. Petersilie, Majoran, Thymian, Rosmarin, Estragon, Maggikraut (Liebstöckel), Bohnenkraut, gehackt
200 ml Wasser
Salz, Pfeffer aus der Mühle

Das Öl in einer großen Pfanne erhitzen.
Das Fleisch portionenweise darin anbraten, dabei mit Mehl und Paprika bestäuben.
Zwiebel, Knoblauch und die gehackten Kräuter zum Fleisch geben, mit dem Wasser ablöschen. Mit Salz und Pfeffer würzen und bei kleiner Hitze etwa 20 Minuten köcheln lassen.

Saftplätzli

600 g Saftplätzli (Rindfleischschnitzel), dünn geschnitten
1–2 EL Öl
2 große Zwiebeln, gehackt
Salz, Pfeffer aus der Mühle

Die Fleischscheiben mit Salz und Pfeffer würzen.
Im sehr heißen Öl ganz kurz anbraten und auf einen Teller legen.
Die Zwiebeln im verbliebenen Fett andämpfen, herausnehmen. Abwechselnd Fleisch und Zwiebeln in den Brattopf schichten (eventuell zwei »Türme« nebeneinander).
Die Fleischflüssigkeit vom Teller dazugießen, den Topf gut zudecken und alles bei kleiner Hitze 45 Minuten schmoren lassen.
Falls nötig, die Flüssigkeit mit wenig warmem Wasser ergänzen.

Fleischrouladen

4 Scheiben Rindfleisch, sehr dünn geschnitten
8 Scheiben Speck
300 g Kalbsbrät (Spezialmetzgerei)
1 Bio-Gewürzgurke, längs geviertelt
1 EL Mehl
2 EL Öl
100 ml Rotwein
200 ml Wasser oder Bouillon
Salz, Pfeffer aus der Mühle, Paprika

Die Fleischscheiben mit Salz und Pfeffer würzen, mit den Speckscheiben belegen, darauf das Brät verteilen und ausstreichen.
Die Gurkenviertel darauflegen, die Fleischscheiben aufrollen und mit einem Zahnstocher fixieren. In Mehl wenden.
Das Öl im Brattopf erhitzen, die Fleischrouladen darin auf allen Seiten kräftig anbraten. Mit dem Rotwein ablöschen und diesen zur Hälfte einkochen lassen. Nach und nach Wasser oder Bouillon dazugießen.
Die Fleischrouladen in wenig Sauce etwa 45 Minuten gar kochen.

Tipps:
Die Fleischrouladen können gut einige Stunden im Voraus zubereitet werden. In der Sauce aufbewahren. Vor dem Servieren langsam aufwärmen.

Geschnetzeltes Burgunder Art

1 EL Öl
400–500 g geschnetzeltes Rindfleisch
1 EL Mehl
100 g Zwiebeln oder Schalotten, fein gehackt
150 ml Rotwein
frische Kräuter, z. B. Rosmain, Estragon, Majoran, Petersilie, gehackt
½ TL Salz
½ TL Pfeffer, frisch gemahlen
200–300 ml Wasser
Paprika

Das Öl in einer Bratpfanne erhitzen und das Fleisch portionenweise anbraten, dabei mit Mehl bestäuben und kurz weiterbraten. Das ganze Fleisch wieder in die Pfanne geben, die Zwiebeln oder Schalotten beifügen. Mit Rotwein ablöschen und diesen fast vollständig einkochen lassen. Die Kräuter beifügen, mit Salz und Pfeffer würzen. Das Wasser dazugießen und alles zugedeckt 40 Minuten leise köcheln lassen. Mit Pfeffer, Paprika und eventuell nochmals Salz abschmecken.

Tipp:
Eignet sich sehr gut zum Tiefkühlen.

Kalbshaxe, Ossobuco

4 Kalbshaxen
2 EL Mehl
2 EL Öl
2 Karotten, sehr klein gewürfelt
1 kleiner Sellerie, sehr klein gewürfelt
½ Stange Lauch, klein geschnitten
1 Zwiebel, fein gehackt
150 ml Weisswein
50 ml Wasser
je 1 Zweiglein Majoran, Thymian und Rosmarin
Salz, Pfeffer aus der Mühle

1 EL Petersilie, fein gehackt
½ Zitrone (unbehandelt), abgeriebene Schale

Die Haut der Kalbshaxen am Rand mit einem scharfen Messer mehrmals einschneiden.
Die Haxen mit Salz und Pfeffer würzen und in Mehl wenden, überschüssiges Mehl gut abklopfen.
Die Haxen im heißen Öl rundherum anbraten, dann das klein geschnittene Gemüse beigeben, kurz mitbraten und mit dem Weißwein ablöschen. Diesen etwas einkochen lassen, dann mit dem Wasser aufgießen.
Die Kräuterzweige beigeben und die Haxen zugedeckt 1–1½ Stunden weich kochen.
Das Fleisch muss sich leicht vom Knochen lösen lassen.
Den Backofen auf 80 Grad vorwärmen, eine Platte mitwärmen. Die Haxen aus der Pfanne nehmen und auf der Platte im Ofen warm stellen.
Die Sauce (nach Belieben mit dem Gemüse) mit dem Stabmixer aufmixen, nochmals aufkochen und über die Haxen gießen.
Mit der gehackten Petersilie und der abgeriebenen Zitronenschale bestreuen.

Hamburger

500 g gehacktes Rindfleisch
1 Zwiebel, fein gehackt
viel Petersilie und andere frische oder getrocknete Kräuter, gehackt
1 EL Öl
1 TL Salz
Pfeffer aus der Mühle
Olivenöl zum Braten

Das Hackfleisch in eine Schüssel geben.
Die Zwiebel und die Kräuter im Öl kurz andämpfen. Zum Fleisch geben, mit Salz und Pfeffer würzen und alles gut verkneten.
Aus der Masse Hamburger formen.
Die Hamburger in wenig Olivenöl ganz langsam auf jeder Seite etwa 5 Minuten gar braten.

Couscous mit Lamm oder Rind

500 g Lammfleisch (ohne Fett) oder Rindfleisch, gehackt
1 EL Öl
1 große Zwiebel, gehackt
1 Bund Petersilie, gehackt
2 Kartoffeln, geschält, in große Würfel geschnitten
1 kleiner Kohlrabi, in Würfel geschnitten
3 Karotten, in feine Scheiben geschnitten
200 ml Wasser
1 kleine Msp. Safran
1 Zimtstange
1 Msp. Cayennepfeffer

250 g Dinkelcouscous
½ l Wasser
½ TL Salz

1–2 Zucchini, in Scheiben geschnitten
1 Aubergine, in Scheiben geschnitten
etwas Olivenöl
Pfeffer aus der Mühle

Das Öl erhitzen, darin das gehackte Lammfleisch anbraten. Die Zwiebel, die Petersilie und das Gemüse zum Fleisch geben, kurz andämpfen, dann mit dem Wasser ablöschen, die Gewürze dazugeben und zugedeckt bei kleiner Hitze 30 Minuten garen.

Den Dinkelcouscous zusammen mit dem Wasser und ½ TL Salz aufkochen, 5 Minuten kochen lassen, dann 30 Minuten auf der ausgeschalteten Herdplatte zugedeckt ausquellen lassen.
Die Zucchini- und Auberginenscheiben zur Fleisch-Gemüse-Mischung geben und etwa 15 Minuten darin garen. Den Couscous mit einigen Tropfen Olivenöl abschmecken. Auf einer Platte anrichten, das Gemüse und Fleisch darauf verteilen oder separat dazu reichen.

Felchenfilets im Ofen gebacken

600 g Felchenfilets
2 EL gemischte Kräuter,
z. B. Salbei, Majoran, Estragon,
Dill, Basilikum, gehackt
1 große Zwiebel, sehr fein
gehackt
1 EL Olivenöl
3 EL Petersilie, fein gehackt
10 g Butter, in Flocken
150 ml trockener Weißwein
Salz, Pfeffer aus der Mühle

Die Fischfilets in eine flache Form legen. Mit Salz und Pfeffer bestreuen. Die Fischfilets mit 1 EL der Kräutermischung einstreichen und 1–2 Stunden ziehen lassen.
Den Backofen auf 200 Grad vorheizen.
Eine flache Auflaufform gut ausbuttern, die Fischfilets quer zusammenfalten und in die gebutterte Form legen.
Die Zwiebel in einem kleinen Pfännchen im Olivenöl langsam weich dünsten.
Die restlichen Kräuter und die Petersilie beigeben und ebenfalls kurz mitdünsten.
Diese Mischung über die Fischfilets verteilen, mit Butterflocken bestreuen und im vorgeheizten Backofen offen 5 Minuten garen.
Mit dem Wein umgießen und die Fischfilets nochmals für 15 Minuten in den Ofen schieben.

Italienischer Fischgratin

600 g Fischfilets, z. B. Kabeljau,
Dorsch oder Flunder
Petersilie, gehackt
½ TL Dill, zerzupft
2 kleine Zucchini, ungeschält
fein geschnitten
5 schwarze Oliven, entsteint,
klein geschnitten
1 kleine Zwiebel, gehackt
1–2 Knoblauchzehen, gepresst
4 EL grobes Paniermehl
Olivenöl
Salz, Pfeffer aus der Mühle

Die Fischfilets waschen, trocken tupfen, mit Salz und Pfeffer würzen und in eine gebutterte Gratinform schichten. Mit Petersilie und Dill bestreuen. Zucchini und Oliven über die Fische verteilen.
Zwiebel und Knoblauch mit dem Paniermehl mischen und über den Gratin streuen, mit reichlich Olivenöl beträufeln.
Im auf 200 Grad vorgeheizten Backofen auf der untersten Rille etwa 30 Minuten backen.

Tipp:
Dieser Gratin kann sehr gut vorbereitet werden.

Felchenfilets mit Zucchinisauce

500–600 g Felchenfilets
4 EL Mehl
2 EL Sesamsamen
2 EL Olivenöl

Zucchinisauce:
600 g Zucchini, in Scheiben geschnitten
½ l Gemüsebouillon
¼ Zitrone, unbehandelt, abgeriebene Schale
¼ TL Salz
1 kleine Knoblauchzehe, gepresst
Salz, Pfeffer aus der Mühle

Die Felchenfilets waschen und mit Haushaltpapier trocken tupfen. Mit Salz und Pfeffer würzen.
Das Mehl mit dem Sesam mischen. Die Felchenfilets darin wenden, gut abklopfen und mit der Hautseite nach oben im erwärmten Olivenöl braten.
Für die Zucchinisauce die Zucchinischeiben in der Gemüsebouillon weich kochen. Mit etwa 3 EL Kochflüssigkeit im Mixer pürieren (restliche Kochflüssigkeit beiseitestellen).
Das Püree aufkochen, mit der abgeriebenen Zitronenschale, dem Knoblauch und Salz würzen. Sollte das Püree zu dick sein, mit etwas Kochflüssigkeit verdünnen.

Tipps:
Andere Fischsorten, wie z. B. Eglifilets, Rotzunge, Flunder, Seeteufel, Forellenfilets verwenden.
Die Sauce kann auf dieselbe Weise auch mit anderem Gemüse zubereitet werden.

Rotzungenfilet mit Banane und Datteln

8–10 Rotzungenfilets
Mehl zum Wenden
Olivenöl
1 Stange Lauch, fein geschnitten
10 große Datteln, geviertelt, entsteint
1 Banane, in Scheiben geschnitten
200–300 ml Bouillon (Reformhaus)
2 TL gehackte Petersilie
60 g Mandelblättchen, geröstet
Salz, Pfeffer aus der Mühle

Die Rotzungenfilets mit Salz und Pfeffer würzen und in Mehl wenden. In wenig heißem Olivenöl auf jeder Seite etwa 2 Minuten braten, auf einer vorgewärmten Platte anrichten und warm stellen.
Nochmals wenig Olivenöl erwärmen, den Lauch, die Datteln und die Bananenscheiben darin andämpfen. Mit der Bouillon ablöschen und diese gut einkochen lassen. Mit Salz und Pfeffer würzen und die gehackte Petersilie daruntermischen. Die Sauce über die Fische gießen und mit den gerösteten Mandelblättchen bestreuen.

Forellen oder Felchen in Alufolie

4 frische ganze Forellen (Bioqualität) oder Felchen, ausgenommen
1 EL Butter
1 EL Olivenöl
1 EL frischer Estragon, fein gehackt
1 EL Petersilie, fein gehackt
Butter oder Olivenöl zum Bestreichen
8 EL Weißwein
Salz, Pfeffer aus der Mühle

Die Fische gut waschen und trocknen. Innen und außen mit Salz und Pfeffer würzen.
Die Kräuter zusammen mit wenig Butter in die Bauchhöhle der Fische verteilen.
Pro Fisch ein entsprechend großes Stück Alufolie zurechtschneiden, mit etwas Olivenöl bestreichen, die Fische darauflegen und die Päckchen bis auf eine Schmalseite gut verschließen. Jeweils zwei Esslöffel Weißwein durch die Öffnung zum Fisch geben und diese ebenfalls gut verschließen.
Die Fische in der Folie in eine Gratinform legen und in der Mitte des auf 240 Grad vorgeheizten Ofens 15 Minuten garen.

Teigwaren, Reis, Getreide

- Unbedingt Weizen meiden! Durch Überzüchtung wurde das Gluten verändert und ist deshalb für viele Menschen unverträglich geworden.
- Kaufen Sie Dinkelprodukte, und zwar nur Dinkel aus Bioanbau! Konventioneller Dinkel stammt oft aus Kreuzungen mit Weizen.
- Bei Dinkelteigwaren darauf achten, dass sie nicht mit Soja gemischt sind. Dinkelteigwaren erhalten Sie im Bioladen, im Reformhaus oder in gut sortierten Supermärkten.
- Es müssen nicht Vollkornteigwaren sein, es gibt auch solche aus hellem Mehl.
- Machen Sie Teigwaren selber – Kinder helfen gerne dabei!
- Bei Vollreis ist darauf zu achten, dass er aus Bioanbau stammt. Vollreis aus konventionellem Anbau enthält in den Randschichten oft noch Rückstände von Spritzmitteln.
- Es gibt auch Grieß aus Dinkel.
- Hafer ist ungeeignet.
- Es lohnt sich, die Getreidesorten auszutesten.

Lasagne mit Fleischfüllung

250 g Dinkel-Lasagneblätter (ohne Ei)

Fleischfüllung:
500 g Rindfleisch, gehackt
2 EL Öl
1 Zwiebel, fein gehackt
1 Knoblauchzehe, gepresst
2 TL italienische Kräutermischung (Majoran, Thymian, Oregano, Rosmarin)
1 EL Petersilie, fein geschnitten
1–2 Karotten, ganz klein gewürfelt
¼ l Rotwein
300 ml Wasser
Salz, Pfeffer aus der Mühle, Muskatnuss

Béchamelsauce:
1½ EL Öl
2½ EL Dinkelmehl
½ l Rahm-Wasser-Mischung (100 ml Rahm/Sahne, 400 ml Wasser)
Salz, Pfeffer aus der Mühle, Muskatnuss

Butterflocken

Die Lasagneteigblätter in reichlich Wasser kurz kochen, sofort in eine Schüssel mit kaltem Wasser geben und bis zur weiteren Verwendung dort lassen.
Für die Fleischfüllung das Öl erhitzen und das Fleisch portionenweise darin anbraten. Zwiebel, Knoblauch, Kräuter und die Karottenwürfelchen beifügen und kurz mitbraten. Mit dem Rotwein ablöschen und diesen etwas einkochen lassen. Das Wasser hinzufügen und alles 20–30 Minuten kochen lassen. Mit Salz, Pfeffer und Muskatnuss abschmecken.
Für die Béchamelsauce das Öl erwärmen, das Mehl dazugeben und auf kleinem Feuer unter Rühren dünsten. Die Rahm-Wasser-Mischung dazugießen und aufkochen. Mit Salz, Pfeffer und Muskatnuss würzen und 5 Minuten leise köcheln lassen.
Eine Gratinform gut ausbuttern, dann abwechslungsweise jeweils eine Lage Teigblätter, Fleischfüllung und Béchamelsauce einfüllen. So fortfahren, bis alle Zutaten aufgebraucht sind. Mit Béchamelsauce abschließen. Einige Butterflöckchen darüber verteilen.
Die Lasagne in der Mitte des Ofens bei 220 Grad etwa 30 Minuten gratinieren.

Penne all'arrabiata

400 g Dinkel-Penne oder andere Dinkelteigwaren
6 EL Olivenöl
2 große Knoblauchzehen, fein gehackt
1 Zwiebel, fein gehackt
500 g Tomaten, klein gewürfelt
1 rote Paprika (Peperoni), klein gewürfelt
300 g Auberginen, klein gewürfelt
1 kleine rote Chilischote, fein gehackt (siehe Tipp), oder 1 TL Sambal Oelek
6 schwarze Oliven, entsteint, grob geschnitten
1 Bund Basilikum, fein geschnitten
Salz, schwarzer Pfeffer aus der Mühle
2 EL Schafskäse, gerieben

Die Teigwaren in Salzwasser bissfest kochen. 2 EL Olivenöl erhitzen, Knoblauch und Zwiebel darin andünsten, dann die Tomaten- und Paprikawürfel beigeben und offen 15 Minuten auf kleinem Feuer köcheln lassen. Die restlichen 4 EL Olivenöl in einer Bratpfanne erhitzen und die Auberginenwürfelchen darin weich braten. Zu dem Tomaten-Paprika-Gemüse geben, die gehackte Chilischote und die Oliven beifügen. Mit Salz und Pfeffer kräftig würzen.

Die Teigwaren abgießen, abtropfen lassen und zum Gemüse geben. Gut mischen und alles zusammen noch einige Minuten erhitzen. Anrichten und mit dem Basilikum bestreuen. Den Käse separat dazu reichen.

Tipp:
Beim Vorbereiten von Chilischoten am besten dünne Plastikhandschuhe tragen. Für eine mildere Variante die Chili entkernen oder nur wenige Kerne mitkochen. Für kleine Kinder Chili bzw. Sambal Oelek ganz weglassen.

Safrannudeln mit Spargelsauce

Nudelteig:
250 g Dinkelmehl, fein gemahlen, Kleie ausgesiebt
1 TL Safranpulver
1 Prise Salz
3 Eigelb
3 EL Olivenöl
wenig Wasser
(oder 400 g fertig gekaufte Safrannudeln)

Gemüse:
400 g grüne oder weiße Spargel, grüne nur am unteren Ende, weiße ganz geschält
4 EL Butter oder kaltgepresstes Olivenöl
1 kleine Schalotte oder Zwiebel, fein gehackt
100 ml Gemüsebouillon
1 EL Weißwein
2 EL Pecorino, gerieben
1 Bund Schnittlauch, in 1–2 cm lange Stücke geschnitten
1 EL Kürbiskerne
Salz, schwarzer Pfeffer aus der Mühle

Für den Nudelteig alle Zutaten mit wenig Wasser zu einem glatten, elastischen, noch etwas feuchten Teig verkneten. Mindestens 30 Minuten ruhen lassen. Dann den Teig am besten mit der Nudelmaschine ausrollen und zu Nudeln der gewünschten Breite schneiden. In gesalzenem Wasser bissfest kochen.
Die Spargel über Dampf weich garen. Herausnehmen, etwas abkühlen lassen, die Spargelspitzen abschneiden, längs halbieren und beiseitestellen. Die restlichen Spargel in dünne Scheiben schneiden. In einer kleinen Pfanne Butter oder Olivenöl erhitzen, die Schalotte oder Zwiebel darin weich dünsten, dann mit der Gemüsebouillon und dem Weißwein aböschen. Die Spargelspitzen und -scheibchen darin kurz aufwärmen, mit Salz und viel frisch gemahlenem schwarzem Pfeffer würzen.
Die Nudeln anrichten, die Spargelscheibchen darüber verteilen, mit den Spargelspitzen ausgarnieren. Nochmals mit schwarzem Pfeffer bestreuen und Pecorino, Schnittlauch und Kürbiskerne darübergeben.

Tipp:
Am gesündesten sind Vollkornnudeln, aber ausnahmsweise dürfen es auch mal »normale« Nudeln sein.

Currynudeln mit Gemüse

Gemüse:
1 kleine Aubergine, in Scheiben geschnitten
2 kleine Zucchini, in Scheiben geschnitten
200 g Kürbis, in Scheiben geschnitten
1 kleiner Patisson (Bischofsmütze), in Scheiben geschnitten
1 EL Olivenöl
Salz, Pfeffer aus der Mühle
Basilikum und/oder andere frische Kräuter, fein geschnitten

400 g Dinkelnudeln
1 kleine Chilischote (nach Belieben), klein geschnitten
1 Knoblauchzehe, fein geschnitten
1 EL Olivenöl
1–2 TL mildes Currypulver
ca. 200–300 ml Nudelkochwasser

Eine sehr große Gratinform gut ausbuttern. Das Gemüse reihenweise einschichten. Mit Salz und Pfeffer bestreuen und etwas Olivenöl darüberträufeln.
Die Form mit Alufolie zudecken. Das Gemüse im auf 250 Grad vorgeheizten Ofen etwa 40 Minuten weich garen. Vor dem Servieren mit den Kräutern bestreuen.
Inzwischen die Nudeln in Salzwasser bissfest kochen, abschütten (300 ml Kochwasser zurückbehalten) und mit kaltem Wasser abschrecken.
Chili und Knoblauch im Olivenöl andämpfen. Die gekochten Nudeln dazugeben, mit dem Currypulver bestreuen. Das beiseitegestellte Kochwasser dazugeben, alles gut mischen und bei kleiner Hitze aufwärmen. Zusammen mit dem Gemüse servieren.

Zitronennudeln mit Ziegenfrischkäse und Spinat

100 ml Gemüsebouillon
100 g Crème fraîche
200 g Ziegenfrischkäse
1 TL Hefepaste aus der Tube (Reformhaus)
1 Knoblauchzehe, gepresst
2 Zitronen, unbehandelt, abgeriebene Schale
200 g Champignons, geputzt, blättrig geschnitten
300 g Dinkelnudeln
250 g Blattspinat, gewaschen
12 Basilikumblätter, in Streifchen geschnitten
Salz, weißer Pfeffer aus der Mühle

Gemüsebouillon, Crème fraîche und Ziegenkäse im Mixer pürieren, dann in einen Topf geben. Mit der Hefepaste und dem Knoblauch würzen, aufkochen und die Champignons hineingeben. Mit Salz, Pfeffer und Zitronenschale abschmecken und auf kleinstem Feuer köcheln lassen.
Die Dinkelnudeln in sprudelndem Salzwasser bissfest kochen. In der letzten Minute den Blattspinat beifügen und nochmals aufwallen lassen, dann alles zusammen abschütten.
In eine vorgewärmte Schüssel geben und mit der Sauce vermischen. Mit Basilikum bestreut servieren.

Dinkelspaghetti mit Sesampesto

400 g Dinkelspaghetti

30 g weiße Sesamsamen
½ l kaltgepresstes Olivenöl
2 Bund Basilikum
oder 4 TL Pesto
(Reformhaus, Bioladen)
1 Bund glattblättrige Petersilie
1 große Knoblauchzehe
ca. 4 EL Kürbiskerne,
fein gerieben
50 ml Spaghettikochwasser
Salz, Pfeffer aus der Mühle

Die Dinkelspaghetti in Salzwasser bissfest kochen.
Die Sesamsamen in einer beschichteten Bratpfanne ohne Fett goldbraun rösten.
Basilikum oder Pesto, Petersilie, Knoblauch und die fein geriebenen Kürbiskerne zusammen mit dem Spaghettikochwasser zu einer Paste mixen. Mit Salz und Pfeffer abschmecken und die gerösteten Sesamsamen dazugeben. Falls nötig, noch etwas Kochwasser untermengen.
Die Spaghetti abgießen und sofort mit dem Pesto vermischen.

Karotten-Federkohl-Pilaw

50 g Korinthen
500 g Karotten, geschält,
klein gewürfelt
250 g Federkohl (Grünkohl),
grob gehackt
2 EL Olivenöl
1 TL milder Curry
ca. 600 ml Gemüsebouillon,
selbst gemacht oder aus dem
Reformhaus
250 g Langkornreis (Parboiled)
75 g Mandelstifte
Salz, Pfeffer aus der Mühle

Die Korinthen mit heißem Wasser bedeckt etwa 10 Minuten einweichen.
Das Olivenöl erhitzen. Karotten und Federkohl darin unter Wenden 5 Minuten andünsten. Den Curry darüberstreuen und kurz mitdünsten. Mit etwa ¼ l Bouillon ablöschen. Die gut abgetropften Korinthen beifügen und das Gemüse bei kleiner Hitze 5–10 Minuten dünsten.
Nun den Reis dazustreuen und die restliche Bouillon beifügen. Den Pilaw zugedeckt bei kleiner Hitze weitere 15–20 Minuten garen, bis der Reis bissfest ist.
Inzwischen die Mandelstifte in einer trockenen Pfanne ohne Fettzugabe leicht rösten. Am Schluss unter den Pilaw mischen und diesen mit Salz, Pfeffer sowie eventuell noch etwas Curry abschmecken.

Risottoküchlein mit Kürbis

1 l Bouillon, selbst gemacht oder aus dem Reformhaus
1 EL Olivenöl
300 g Risottoreis (Carnaroli, Arborio)
1 Zwiebel, fein geschnitten
250 g Kürbisfleisch, geschält, entkernt, klein gewürfelt
100 g Feta (falls verträglich), in Würfel zerteilt
1 EL Schnittlauch, fein geschnitten
Salz, Pfeffer aus der Mühle

Die Bouillon aufkochen.
Das Olivenöl erwärmen, den Reis beifügen und umrühren, bis alle Körner mit einer Fettschicht überzogen sind. Die Zwiebel beifügen, kurz mitdämpfen und alles mit ¼ der Bouillon ablöschen. Den Reis garen und dabei immer wieder Bouillon nachgießen.
Den Kürbis nach 15–20 Minuten zum Reis geben und 5 Minuten mitkochen. Falls nötig, mit Salz und Pfeffer nachwürzen, den Schnittlauch daruntermischen.
Den Risotto auf einem mit kaltem Wasser abgespülten Blech ausstreichen und abkühlen lassen.
Olivenöl in einer Bratpfanne erwärmen.
Mit einem Esslöffel oder Glaceportionierlöffel vom Risotto Kugeln abstechen, in die Pfanne geben, etwas flach drücken und die Küchlein auf jeder Seite 3–4 Minuten braten.
Falls verträglich, können die Küchlein mit Feta gefüllt werden. Dazu in die Mitte jeder Reiskugel einen Fetawürfel drücken, dann zu Küchlein formen und ausbacken.

Hirseköpfchen mit Gemüse

200 g Hirse
1 EL Olivenöl
½ Zwiebel, fein gehackt
2 Karotten, in kleinste Würfel geschnitten
1 kleiner Fenchel, fein geschnitten
½ l Wasser
¼ TL Salz
wenig Paniermehl
Öl und Butter zum Ausstreichen und Belegen

Die Hirse mit heißem Wasser überbrausen und in einem Sieb gut abtropfen lassen.
Das Öl erhitzen, die Zwiebel mit dem Gemüse langsam darin andünsten. Die abgetropfte Hirse beigeben, kurz mitdünsten, dann mit dem Wasser ablöschen und salzen. Das Ganze 15 Minuten leicht köcheln lassen, anschließend 15 Minuten auf der heißen Herdplatte nachquellen lassen, eventuell nachwürzen.
Kleine Portionenförmchen mit wenig Öl ausstreichen, den Hirsebrei einfüllen und erkalten lassen.
Die Förmchen stürzen, die Hirseköpfchen in wenig Paniermehl wenden und in eine gebutterte Auflaufform stellen. Auf jedes Hirseköpfchen nach Belieben eine kleine Butterflocke geben. Bei 220 Grad im vorgeheizten Ofen etwa 10 Minuten überbacken.

Tipps:
Passt gut als Beilage zu gehacktem Fleisch oder zu einem Gemüseteller.
Dazu eine Gemüsesauce reichen.

Hirsotto

250 g Hirse
1 EL Olivenöl
1 kleine Zwiebel, gehackt
800–900 ml Gemüsebouillon
oder Wasser
Salz, Pfeffer aus der Mühle

Das Öl erwärmen. Die Hirsekörner darin etwas anrösten. Die Zwiebel hinzufügen und kurz mitrösten. Mit der Bouillon oder dem Wasser auffüllen.
(Falls Wasser verwendet wird, mit Salz, Pfeffer und etwas Muskatnuss würzen.)
Die Hirse auf kleiner Flamme ausquellen lassen.

Gerstotto mit Gemüse

160 g Rollgerste
½ l Gemüsebouillon, selbst gemacht
oder aus dem Reformhaus
1 kleine Zwiebel, gehackt
1 EL Olivenöl
200 g Karotten, klein gewürfelt
200 g Zucchini, klein gewürfelt
200 g grüne Erbsen,
frisch oder tiefgekühlt
2 TL getrocknete Kräuter
Salz, Pfeffer aus der Mühle
Petersilie, gehackt

Die Gerste mit der Gemüsebouillon aufkochen und zugedeckt auf kleinem Feuer 15 Minuten köcheln lassen. Auf der ausgeschalteten Herdplatte zugedeckt 30 Minuten nachquellen lassen.
Die Zwiebel im Olivenöl anschwitzen. Karotten, Zucchini und Erbsen dazugeben und mit andünsten. Die getrockneten Kräuter und Salz darüberstreuen. Falls nötig, 3 EL Wasser dazugeben und das Gemüse zugedeckt 8–10 Minuten kochen, eventuell nochmals etwas Wasser hinzufügen.
Die Gerste und das Gemüse mischen, mit Pfeffer abschmecken und mit gehackter Petersilie bestreuen.

Quinoarisotto mit Gemüse

1 EL Olivenöl
1 Zwiebel, fein gehackt
1 Knoblauchzehe, fein gehackt
1 kleiner Kohlrabi, in feine Scheiben geschnitten
1 Karotte, in feine Scheiben geschnitten
1 Zucchini, in feine Scheiben geschnitten
¼ TL Kurkuma
140 g Quinoa
1 TL Salz, Pfeffer aus der Mühle
300 ml Gemüsebouillon (Reformhaus)
evtl. 40 g Sesamsprossen

Das Olivenöl erwärmen und darin Zwiebel, Knoblauch und das vorbereitete Gemüse zusammen mit dem Kurkuma 2 Minuten anschwitzen.
Den Quinoa unter fließendem Wasser abspülen und unter das Gemüse heben, mit Salz und Pfeffer würzen. Mit der Gemüsebouillon aufgießen, das Ganze zum Kochen bringen und zugedeckt bei schwacher Hitze 20 Minuten garen lassen. Den Risotto mit einer Gabel lockern und, falls er zu fest ist, noch etwas heiße Gemüsebouillon dazugießen.
Die Sesamsprossen unter fliessendem kaltem Wasser abspülen, gut abtropfen lassen und den fertigen Risotto damit bestreuen.

Hinweis:
Quinoa ist zwar getreideähnlich, zählt aber zu den Fuchsschwanzgewächsen. Es schmeckt leicht nussig, ist gut verträglich, glutenfrei und enthält viele Mineralstoffe.

Kartoffel- und Gemüsegerichte

- Viele Kinder lieben Kartoffel-Chips als Zwischenverpflegung. Hier ist unbedingt Vorsicht geboten. Kartoffel-Chips werden aus einer speziell dafür gezüchteten Kartoffelsorte hergestellt; die Kartoffeln werden in einem Chemiebad geschält, und damit die Chips schön knusprig bleiben, bekommen sie am Schluss einen chemischen Überzug.
- Auch Pommes frites erhalten einen solchen Überzug. Werden sie jedoch selbst gemacht, sind dem Festschmaus keine Grenzen gesetzt. Ab und zu im Restaurant konsumiert, sollten sie vertragen werden.
- Kartoffelpüree kann mit Olivenöl zubereitet werden.
- Alle Fertig- und Halbfertigprodukte sind zu meiden, sie enthalten immer Konservierungsstoffe.
- Im Reformhaus erhalten Sie Kartoffelflocken ohne Zusätze; lesen Sie die Angaben auf der Verpackung – es lohnt sich!

Kartoffel-Kürbis-Curry

1 Knoblauchzehe, fein gehackt
1 EL Olivenöl
600 g Kartoffeln, gewürfelt
600 g Kürbis, geschält, entkernt, gewürfelt
2 TL mittelscharfer Curry
1 TL Kurkuma
ca. 300 ml Gemüsebouillon (Reformhaus)
Salz
1 EL Kürbiskerne, geröstet

Den Knoblauch im Olivenöl anschwitzen, die Kartoffel- und Kürbiswürfel dazugeben, Curry und Kurkuma darüberstreuen. Mit der Gemüsebouillon ablöschen, aufkochen und auf kleinem Feuer zugedeckt 10–15 Minuten köcheln lassen, bis die Kartoffeln gar sind. Eventuell nachwürzen.
Die gerösteten Kürbiskerne darüberstreuen.

Kartoffeln nach Hausfrauenart

1 Zwiebel, fein gehackt
750 g Kartoffeln
100 ml Weißwein
Salz, Pfeffer aus der Mühle, Muskatnuss
ca. 200 ml Gemüsebouillon (falls nicht verträglich, Salzwasser)
3 EL geriebener Käse (falls verträglich)
etwas Paprikapulver

Den Backofen auf 200 Grad vorheizen.
Eine Gratinform gut ausbuttern und mit der gehackten Zwiebel ausstreuen.
Die Kartoffeln schälen, in feine Scheiben einschneiden, jedoch nur so weit, dass sie noch zusammenhalten und in die Gratinform stellen. Den Wein dazugießen, mit Salz, Pfeffer und etwas Muskatnuss würzen.
Auf der untersten Rille in den vorgeheizten Ofen schieben. Sobald der Wein kocht, Bouillon oder Salzwasser dazugießen und weitere 30 Minuten garen.
Zuletzt den geriebenen Käse darüberstreuen und nochmals 10 Minuten backen. Vor dem Servieren ganz leicht mit Paprikapulver bestreuen.

Ofen-Pommes-frites

1 kg Kartoffeln, geschält,
in Pommes-frites-Stäbchen
geschnitten
etwas Öl
Salz

Die Kartoffelstäbchen auf einem Tuch oder mit Haushaltpapier trocknen. Auf ein Blech legen, mit Öl beträufeln und in der Mitte des auf 225 Grad vorgeheizten Ofens etwa 30 Minuten goldgelb braten, dabei ab und zu wenden. Vor dem Servieren mit Salz bestreuen.

Gefüllte Kartoffeln

2–3 Kartoffeln pro Person,
geschält
150 g Bratspeck in Scheiben
oder 1–2 Cervelats oder Brühwürste
(beides aus Spezialmetzgerei)
Salz, Pfeffer aus der Mühle
Olivenöl

Eine Gratinform gut fetten.
Die Kartoffeln je nach Größe zwei- bis dreimal einschneiden, aber nicht durchschneiden.
Die Speckscheiben vierteln, Wurst in Rädchen schneiden. Die Speck- oder Wurstscheiben in die Einschnitte stecken und die Kartoffeln in die Gratinform stellen. Leicht mit Salz und Pfeffer bestreuen und mit wenig Olivenöl bepinseln.
Im auf 225 Grad vorgeheizten Ofen etwa 40 Minuten backen.

Rosmarinkartoffeln

1 kg Kartoffeln, geschält,
in feine Scheiben geschnitten
2 EL Olivenöl
2 EL frischer Rosmarin,
gehackt
Salz, Pfeffer aus der Mühle

Die Kartoffelscheiben auf Haushaltpapier trocknen.
Das Öl erwärmen, die Kartoffeln beigeben, mit Salz und Pfeffer würzen, wenden, zudecken.
Nach 20 Minuten den Deckel entfernen.
Den Rosmarin unter die Kartoffeln mischen, diese zu einem Kuchen formen (wie für Rösti) und weitere 10 Minuten fertig braten.

Tipp:
Statt Rosmarin können nach Belieben auch andere frische Kräuter verwendet werden.

Gebratene Patissonscheiben auf Gemüse

900 g Patissons
(Bischofsmützen)
Salz
Paniermehl
Olivenöl

Gemüse:
1 Fenchel
2 große Karotten
1 Kohlrabi
1–2 Zucchini
2 EL Olivenöl
Salz, Pfeffer aus der Mühle,
Muskatnuss

Die Patissons schälen, halbieren, entkernen, in gleichmäßig dicke Scheiben schneiden und diese mit Salz bestreuen. 10 Minuten ruhen lassen, damit sie etwas Wasser ziehen. (Durch die ausgetretene Flüssigkeit haftet das Paniermehl anschließend gut, sodass man auf Mehl verzichten kann.)
Das Gemüse putzen und beliebig klein schneiden.
Das Olivenöl erwärmen. Das Gemüse nach benötigter Garzeit in die Pfanne geben: zuerst Fenchel, Karotten, Kohlrabi, zuletzt die Zucchini. Mit Salz, Pfeffer und etwas Muskatnuss würzen und etwa 15 Minuten garen.
Die Patissonscheiben in Paniermehl wenden und dieses gut andrücken. In Olivenöl langsam goldbraun braten. Vorsichtig wenden, damit die Kruste nicht verletzt wird.

Gefüllte Auberginen

4 mittelgroße Auberginen
1 Knoblauchzehe, gepresst
½ Stange Lauch (falls verträglich), längs halbiert, in feine Streifen geschnitten
800 g Kürbisfleisch, gewürfelt
1 kleine Zucchini, gewürfelt
Olivenöl
2 EL Kürbiskerne, leicht geröstet
2 TL getrocknete oder 2 EL frische gemischte Kräuter, gehackt
1 EL geriebenen Pecorino
evtl. 1 EL Weißwein
Salz, Pfeffer aus der Mühle, Muskatnuss

Die Auberginen in Salzwasser 10 Minuten kochen.
Etwas abkühlen lassen, dann längs halbieren und aushöhlen. Das Fruchtfleisch würfeln. Knoblauch, Lauch, Kürbis und Zucchini in Öl andünsten. Mit Salz, Pfeffer und wenig Muskatnuss würzen. Etwas Wasser dazugießen und alles 5 Minuten garen lassen, dann das ausgelöste Auberginenfleisch, die Kürbiskerne und die Kräuter hinzufügen und alles gut mischen. Die Gemüsemasse in die ausgehöhlten Auberginenhälften füllen und mit dem geriebenen Pecorino bestreuen. Die gefüllten Auberginen in eine gefettete Gratinform stellen. Wenig Wasser oder 1 EL Weißwein hinzugießen und im auf 225 Grad vorgeheizten Ofen 15–20 Minuten überbacken.

Tipp:
Statt Pecorino können Sie fein geschnittene Petersilie, mit Knoblauch gemischt, über die Gemüsefüllung streuen.

Zucchini mit Basilikum

800 g Zucchini
1 EL Olivenöl
2 Knoblauchzehen
3–4 EL Basilikum oder 4 EL gemischte frische Kräuter, gehackt
Salz, Pfeffer aus der Mühle

Die Zucchini ungeschält in etwa 5 cm lange, fingerdicke Stängel schneiden. Das Öl erhitzen, die Zucchini darin unter ständigem Wenden anbraten.
Die Hitze reduzieren, den Knoblauch dazupressen und das Gemüse mit Salz und Pfeffer würzen. Die gemischten Kräuter hinzufügen (Basilikum erst kurz vor dem Servieren mit der Schere schneiden und zugeben).

Tipp:
Die Zucchini sollen ganz langsam garen, so ziehen sie kaum Wasser.

Gemüseschnecken

Hefeteig:
300 g Dinkelruchmehl (Type 1050)
¾ TL Salz
½ Würfel Hefe
6 EL Olivenöl
150 ml Reismilch

Gemüsepüree:
etwas Olivenöl
1 kleine Zwiebel, fein gehackt
1 Knoblauchzehe, fein gehackt
1 Stange Sellerie, klein geschnitten
200 g Karotten, klein geschnitten
½ kleine Stange Lauch, klein geschnitten
1 kleine Zucchini, klein geschnitten
Salz, Pfeffer aus der Mühle, Muskatnuss

Für den Teig das Mehl mit dem Salz mischen. Die Hefe zerbröckeln, zusammen mit Öl und Reismilch zum Mehl geben und alles zu einem weichen Teig kneten. Den Teig mit Wasser bestreichen, mit Klarsichtfolie bedecken und auf das Doppelte aufgehen lassen (ca. 1 Std.).

Olivenöl erwärmen, Zwiebel und Knoblauch darin andämpfen. Das Gemüse dazugeben und mit wenig Wasser weich garen. Alles im Mixer pürieren, mit Salz, Pfeffer und Muskatnuss würzen. (Die Füllung darf nicht zu nass sein. Je nach Gemüse muss etwas Flüssigkeit weggeschüttet oder aber hinzugefügt werden.)
Den Teig zu einem Rechteck ausrollen. Mit der Füllung bestreichen und von der Längsseite her aufrollen. Die Teigrolle etwa 15 Minuten in den Tiefkühler legen, damit sie sich besser schneiden lässt. Mit einem scharfen Messer in 3–4 cm breite Stücke schneiden. In gleichmässigen Abständen auf ein mit Backpapier belegtes Blech legen und nochmals kurz aufgehen lassen.
Im auf 200 Grad vorgeheizten Ofen 25 Minuten backen.

Tipp:
Schneller geht dieses Gericht, wenn Sie als Füllung eine fertige Gemüsepaste verwenden (erhältlich im Reformhaus oder Naturkostladen, eventuell auch in italienischen Spezialitätengeschäften; Zusammensetzung beachten).

Gemüsekrapfen

Krapfenteig:
500 g Dinkelruchmehl (Type 1050)
2 TL Salz
¼ l Wasser
200 ml Olivenöl

Füllung:
Saisongemüse, z. B. 1 kleine Stange Lauch,
1 Chinakohl, 2–3 kleine Karotten,
150 g zarte (Zuckerschoten) Kefen,
klein geschnitten
1 EL Olivenöl
Koriander und andere Kräuter,
fein geschnitten
1 EL Wasser
Salz

Für den Teig das Mehl mit dem Salz mischen. Das Wasser aufkochen, mit dem Öl verrühren (Stabmixer) und zum Mehl geben. Alles kurz zu einem Teig zusammenfügen. Nicht kneten! Das Gemüse für die Füllung im Öl kurz andünsten, mit Salz und den Kräutern würzen und etwas Wasser zugeben. Die Hitze auf die niedrigste Stufe stellen und das Gemüse zugedeckt etwa 10 Minuten dämpfen. Auskühlen lassen.
Den Teig dünn ausrollen und Rondellen von 8–10 cm Durchmesser (pro Krapfen zwei Stück) ausstechen. Jeweils 1–2 EL Gemüsefüllung auf eine Teigrondelle geben. Den Rand mit einem Pinsel befeuchten, mit einer zweiten Teigrondelle bedecken und mit einer Gabel die Ränder gut andrücken. Auf ein Blech legen und im auf 200 Grad vorgeheizten Ofen etwa 20 Minuten backen.

Tipps:
Falls verträglich, können Sie 100 g Feta in kleine Würfel schneiden und unter das Gemüse mischen.
Zusammen mit einem Salat servieren.

Gratinierter Fenchel

4–6 Fenchelknollen, halbiert
1 EL Butter
100 g Speck in Scheiben
(aus Spezialmetzgerei)
2 EL geriebener Käse

Die halbierten Fenchelknollen über Dampf oder im Dampfkochtopf garen.
Eine Gratinform gut ausbuttern und die gekochten Fenchelknollen hineinlegen. Die Speckscheiben aufrollen und in die Zwischenräume verteilen.
Mit etwas Kochflüssigkeit begießen, den Käse darüberstreuen und im auf 220 Grad vorgeheizten Ofen etwa 10 Minuten überbacken.

Zuckerschoten mit gerösteten Brotwürfeln

1 Zwiebel, gehackt
½ EL Olivenöl
800 g (Zuckerschoten) Kefen, entfädelt
1 Zweig Bohnenkraut, Blätter abgezupft
2 Scheiben Dinkelbrot, klein gewürfelt
1 EL Olivenöl
2 Knoblauchzehen
Salz, Pfeffer aus der Mühle

Die Zwiebel im Öl anziehen. Die Zuckerschoten zusammen mit dem Bohnenkraut dazugeben und unter öfterem Wenden andünsten. Mit Salz und Pfeffer würzen, falls nötig etwas warmes Wasser hinzufügen und 15 Minuten dünsten.
Die Brotwürfelchen im Olivenöl goldgelb rösten, mit dem durchgepressten Knoblauch beträufeln und vor dem Servieren unter die Kefen mischen.

Rotkraut mit Rotwein

1 kg Rotkohl
1 große Zwiebel, gehackt
1 EL Olivenöl
200 ml Rotwein
200–300 ml Wasser
½ TL Dillkraut
½ TL Kümmel
2 EL Essig
Salz, Pfeffer aus der Mühle

Den Kohlkopf halbieren, den Strunk entfernen und das Gemüse fein schneiden.
Die Zwiebel im erwärmten Öl andämpfen.
Das Kraut nach und nach beigeben und häufig wenden.
Etwa 10 Minuten dämpfen, bis es zusammengefallen ist. Mit dem Rotwein ablöschen, Wasser dazugießen, bis das Kraut knapp bedeckt ist. Mit Salz, Pfeffer, Dill und Kümmel würzen und etwa 1½ Stunden weich dämpfen. Nach Ablauf dieser Zeit sollte die Flüssigkeit fast vollständig eingekocht sein.
10 Minuten vor dem Anrichten den Essig beigeben.

Tipp:
Nach Belieben kann ein fein geriebener Apfel mitgekocht werden.

Wirsingwickel mit Quinoa

12 große Blätter (Wirsing) Wirz
oder Federkohl (Grünkohl)

Füllung:
100 g Quinoa
200 ml Wasser, gesalzen
100 g gemischtes Gemüse (Karotte, Lauch, Sellerie), gewürfelt
1 EL Vollmilchquark
oder 1 EL Mehl
20 g Brotwürfelchen, ganz fein geschnitten
wenig Curry, Salz, Pfeffer aus der Mühle, geriebene Muskatnuss

Bei den Wirz- oder Federkohlblättern den dicken Teil der Blattrippe flach schneiden. Die so vorbereiteten Blätter im Salzwasser kochen, bis sie geschmeidig sind. Dann sofort mit kaltem Wasser abschrecken und gut abtropfen lassen. Mit einem Küchentuch oder mit Haushaltpapier trocken tupfen. (Etwas Blanchierwasser zurückbehalten.)
Für die Füllung den Quinoa mit dem Salzwasser aufkochen und 15–20 Minuten leise köcheln lassen. Sobald die Körner platzen, mit den übrigen Zutaten mischen, abschmecken und 15 Minuten zugedeckt nachziehen lassen.
Die blanchierten Kohlblätter ausbreiten, die Füllung gleichmäßig darauf verteilen und einpacken. Die Päckchen in eine ausgebutterte Gratinform legen, leicht mit Salz, Pfeffer und Muskatnuss bestreuen und mit etwas Kochwasser vom Blanchieren der Kohlblätter übergießen.
Im auf 200 Grad vorgeheizten Ofen 20–30 Minuten weich schmoren.

Linsengemüse

250 g grüne oder braune Linsen
¾ l Wasser
1 Lorbeerblatt
ca. 1 TL Currypulver nach Geschmack
½ TL Kümmel
1 EL Olivenöl
2 Knoblauchzehen, in feine Scheiben geschnitten
½ TL Salz
etwas Gemüsebouillon
frische gehackte Kräuter
wenig Crème fraîche

Die Linsen waschen und verlesen. Braune Linsen wenn möglich einige Stunden einweichen, das Einweichwasser abschütten und die Linsen mit frischem Wasser bedecken.
Das Lorbeerblatt hinzufügen, aufkochen und 30 Minuten köcheln lassen.
Inzwischen in einem Topf Curry und Kümmel kurz rösten. Das Öl dazugeben, den Knoblauch darin anbraten und die gekochten Linsen daruntermischen. Erst jetzt das Salz und die Gemüsebouillon beifügen. Nochmals aufkochen und etwas ziehen lassen.
Mit fein gehackten frischen Kräutern und einem Tupfer Crème fraîche servieren.

Gemüsestrudel

Strudelteig:
300 g helles Dinkelmehl
¾ TL Salz
ca. 150 ml Wasser, lauwarm
4 EL Olivenöl

Füllung:
400 g Spargel, geschält
500 g Brokkoli, in Röschen zerteilt
oder andere Gemüse je nach Saison
1 Bund Schnittlauch, geschnitten
evtl. 20 g geriebener Schafskäse
½ TL Salz
Pfeffer aus der Mühle,
Muskatnuss

etwas Olivenöl zum Bestreichen

Für den Teig Mehl und Salz in einer Schüssel mischen. Das Wasser mit dem Öl verquirlen und hinzufügen. Kneten, bis der Teig nicht mehr an den Händen haften bleibt und geschmeidig ist. Unter einer umgedrehten vorgewärmten Schüssel 30 Minuten ruhen lassen.

Für die Füllung die Spargelstangen etwa 15 Minuten in Salzwasser kochen, die Brokkoliröschen ebenfalls weich kochen. Das Gemüse in 2–3 cm große Stücke schneiden, mit dem Schnittlauch, eventuell dem geriebenen Käse, Salz, Pfeffer und Muskatnuss vermischen.

Den Teig möglichst dünn zu einem großen Rechteck ausrollen. Mit bemehlten Händen von der Mitte aus sorgfältig gleichmäßig dünn ausziehen, bis er überall durchscheinend ist. Den Teig mit Öl bestreichen.

Die vorbereitete Füllung auf die untere Hälfte des Teigs verteilen, so, dass auf den Seiten ein 4–5 cm breiter Rand bleibt.

Die Breitkanten einschlagen und den Strudel von der Längsseite her aufrollen. Mit der Naht nach unten auf ein mit Backpapier belegtes Blech legen. Den Strudel mit Öl bestreichen.

In der Mitte des auf 200 Grad vorgeheizten Ofens 30–40 Minuten backen. Während des Backens mehrmals mit etwas Öl bestreichen.

Provenzalisches Basilikumpüree

750 g Kartoffeln, möglichst mehligkochende Sorte
3 Bund frischer Basilikum
2 EL kaltgepresstes Olivenöl
2 Knoblauchzehen, zerquetscht
100 ml kaltgepresstes Olivenöl
Salz, Pfeffer aus der Mühle

Die Kartoffeln schälen und vierteln. In Salzwasser weich kochen. Abschütten, in den Topf zurückgeben und ausdampfen lassen, pürieren.
Die Basilikumblätter mit 2 EL Olivenöl und 1 Messerspitze Salz im Blitzhacker oder mit dem Stabmixer pürieren.
Die 100 ml Olivenöl in einer Pfanne erwärmen, die Knoblauchzehen darin kurz anziehen lassen, dann entfernen. Das Kartoffelpüree und die Basilikumpaste beifügen und alles zu einem glatten Püree verrühren. Mit Salz und etwas Pfeffer abschmecken.

Tipp:
Dieses Püree passt gut zu Fleischstücken und zu ganzen gebratenen Fischen oder zu einer Gemüseplatte.

Knoblauchsauce

¼ l kaltgepresstes Olivenöl
2 ganze Knoblauchzehen, in feine Scheiben geschnitten
1–2 EL Petersilie, gehackt
Salz, Pfeffer aus der Mühle

Das Öl erwärmen und den Knoblauch darin goldgelb braten. Die Petersilie beigeben und mit Salz und Pfeffer würzen.

Tipp:
Schmeckt besonders fein zu Spaghetti.

Salbei- oder Basilikumsauce

50 ml Olivenöl
2 EL Salbei- oder Basilikumblätter

Die Salbei- oder Basilikumblätter grob zerkleinern oder nach Belieben ganz lassen. Das Olivenöl erwärmen und die Kräuter darin golden rösten.

Desserts und Süßspeisen

- Bei Früchten, Flocken usw. auf Bioqualität achten!
- Probieren Sie die Süßspeisen vor dem Servieren, eventuell müssen sie noch etwas nachgesüßt werden.
- Nicht alle Steviablätter sind gleich süß (siehe Kuchen und Gebäck, Seite 142).
- Verwendet man zu viel Stevia, schmeckt es nach Lakritze.
- Bereiten Sie ein »Zuckerwasser« aus Stevia zu (siehe Seite 54), dieses können Sie dann tropfenweise den fertigen Speisen hinzufügen.
- Im Naturkostladen oder Reformhaus findet man verschiedene gesunde Zutaten für Desserts und Süßspeisen.
- Auch bei Desserts und Süßspeisen gilt: «Allzu viel ist ungesund.»
- Blätterteig aus dem Reformhaus ist meistens mit Weizenmehl hergestellt. Nach längerer Zeit der Umstellung sollte dies ausnahmsweise verträglich sein.
- Auch exotische Früchte sind in Bioqualität erhältlich.

Hirse-Mohn-Pudding

100 g Mohnsamen
150 g Hirseflocken
½ l Reismilch
3 EL Agavendicksaft
1 Vanillestange
1 Prise Salz
etwas abgeriebene Zitronenschale (unbehandelt)

Dörraprikosensauce:
¼ l Dörraprikosen, ungeschwefelt
½ l Apfelsaft

Alle Zutaten bis auf die Zitronenschale in einen Topf geben und 2 Stunden quellen lassen.
Die Zitronenschale dazureiben. Alles zum Kochen bringen und 5 Minuten unter Rühren köcheln lassen. Die Vanillestange entfernen. Die Masse in eine mit kaltem Wasser ausgespülte Puddingform oder in kalt ausgespülte Portionenförmchen füllen und erkalten lassen. Stürzen und mit Dörraprikosensauce servieren.
Für die Sauce die Aprikosen über Nacht im Apfelsaft einweichen. Am folgenden Tag pürieren, je nach gewünschter Dicke noch etwas Flüssigkeit beifügen. Eventuell mit 1–2 Tropfen Stevia süßen.

Tipp:
Für die Sauce können Sie anstelle von Dörraprikosen auch Dörrbirnen verwenden. Je nach Geschmack mit einer Prise Zimt abschmecken.

Kiwi-Feigen-Salat mit Bananencreme

4 Kiwis
4 frische grüne Feigen
100 ml Johannisbeersaft
2 Aprikosen, entsteint, in Schnitze geschnitten
1 EL Mandeln, grob gehackt
4 Datteln, entsteint, fein gehackt (Blitzhacker)
1 Banane, zerdrückt

Die Kiwis schälen, in Scheiben schneiden und kreisförmig auf Tellern auslegen. Die Feigen vierteln und auf die Kiwis setzen.
Den Johannisbeersaft sirupartig einkochen. Die Aprikosenschnitze und die Mandeln hinzufügen, alles einmal aufkochen lassen und über die Kiwis verteilen.
Das Dattelmus mit der zerdrückten Banane mischen und das Dessert damit garnieren.

Fruchtsalat mit Bananencreme

2 Birnen
1 Melone oder andere Früchte nach Saison

Creme:
2 kleine, reife Bananen
1 TL Zitronensaft
1 TL Vanillemark
50 ml Reismilch
2 EL Mandelpüree
4 EL Rahm (falls verträglich)
einige Tropfen Stevia

Birnen und Melone halbieren und entsteinen bzw. entkernen. Die Früchte in Schnitze oder kleine Würfel schneiden.
Für die Creme die Bananen klein schneiden, mit Zitronensaft, Vanillemark, Reismilch, Mandelpüree und eventuell Rahm im Mixer pürieren. Nach Belieben süßen, eventuell noch etwas Flüssigkeit dazugeben.
Den Fruchtsalat in Gläser füllen und die Bananencreme darüber verteilen.
Nach Belieben mit Erdbeerhälften oder mit einigen Himbeeren oder Brombeeren garnieren.

Heidelbeereis

Ca. 600 g frische Heidelbeeren
7–8 Tropfen Stevia
2 TL Mandelpüree, weiß

Die Beeren pürieren und durch ein Sieb streichen (sollte 400 ml Mark ergeben). Mit Stevia und dem Mandelpüree gut verrühren. Die Masse in Eis-am-Stiel-Formen füllen und im Gefrierfach fest werden lassen.

Tipps:
Nach demselben Rezept können Sie auch mit anderen Früchten Eis herstellen.
Für Brombeereis die Beeren vorher aufkochen und durch ein Sieb passieren. So erhält das Eis eine schönere Farbe.
Immer probieren, ob die Masse genügend gesüßt ist.
Falls verträglich, das Fruchtmus mit ca. 120 g Honig süßen. In diesem Fall das Mandelpüree weglassen.

Birnen mit Mandelmilchcreme

4 Birnen
200 ml Wasser
½ Zitrone, Saft
½ Vanillestange
½ TL Kardamompulver
4–5 EL Mandelpüree
etwas Wasser zum Verdünnen (Birnenkochwasser)
1 EL Birnendicksaft oder 4 Tropfen Stevia
50 ml Rahm (falls verträglich)
2 EL Mandelblättchen

Die Birnen schälen, halbieren und das Kerngehäuse entfernen. Das Wasser mit dem Zitronensaft, der Vanillestange und dem Kardamompulver aufkochen. Vier Birnenhälften darin garen. Die Birnen herausnehmen, abkühlen lassen und fächerartig aufschneiden.
Die restlichen Birnenhälften in kleine Würfel schneiden und in einem hohen Gefäß oder im Mixer mit dem Mandelpüree und etwas Birnenkochwasser pürieren, mit Birnendicksaft oder Stevia süßen.
Falls verträglich, können Sie 50 ml Rahm steif schlagen und unter das Püree mischen.
Die Mandelblättchen ohne Fettzugabe in einer Pfanne leicht rösten.
Die Birnenfächer auf Tellern anrichten, die Birnencreme darüber verteilen und mit den Mandelblättchen garnieren.

Tipp:
Nach Möglichkeit etwa gleich reife Birnen verwenden, sonst die Garzeit entsprechend anpassen.

Birnensalat

500 g reife Birnen
½ Tasse Korinthen, eingeweicht
½ Zitrone, unbehandelt, abgeriebene Schale
2 EL Mandelpüree
½ Tasse Quittensaft (Reformhaus)
2 EL Honig oder 5 Tropfen Stevia
je 1 Msp. Nelkenpulver, Kardamom, Muskatnuss, frisch geriebener Ingwer

Die Birnen schälen, halbieren entkernen und quer in feine Scheiben schneiden. Mit den Korinthen vermengen.
Die übrigen Zutaten mischen, falls nötig noch etwas nachsüßen und die Sauce vorsichtig mit den Birnen mischen oder bei sehr reifen Birnen nur darübergießen.

Himbeerköpfchen

500 g Himbeeren
Apfelsaft ohne Kohlensäure
oder Beerensaft
2 EL Agavendicksaft
oder Birnendicksaft
2 TL Agar-Agar

Die Hälfte der Himbeeren mit 100 ml Apfel oder Beerensaft in einen kleinen Topf geben und kochen, bis sie zerfallen.
Die Masse durch ein Sieb streichen und den erhaltenen Saft in einem Messbecher auffangen.
Mit Apfelsaft auf 600 ml ergänzen und wieder in den Topf geben. Agaven- oder Birnendicksaft und Agar-Agar einrühren und aufkochen, 2 Minuten köcheln lassen. Die zurückbehaltenen Himbeeren dazugeben.
In Portionenförmchen oder eine Puddingform füllen und erkalten lassen. Die Köpfchen stürzen und mit frischen Früchten garnieren.

Bratäpfel

4 große Äpfel (Golden Delicious oder Gala)
4 EL Mandeln, gemahlen
½ EL Steviapulver, grün
½ EL Crème fraîche
1–2 EL Apfelsaft oder Wasser
200 ml Apfelsaft

Bei den Äpfeln das Kerngehäuse ausstechen und die Schale in der Mitte ringsum einritzen. Die Mandeln mit Stevia, Crème fraîche und Apfelsaft (oder Wasser) mischen. (Nach Belieben können wenig Sultaninen beigefügt werden.) Die Äpfel damit füllen.
200 ml Apfelsaft in eine Gratinform gießen und die gefüllten Äpfel hineinstellen. Im auf 250 Grad vorgeheizten Ofen etwa 20 Minuten braten.

Birnentaschen

Für 6 Stück

500 g Birnen
3 Tropfen Stevia
1 EL Apfelsaft
2 EL Sultaninen oder Korinthen, evtl. in Rum eingelegt
2 EL gemahlene Mandeln
200 g Blätterteig (Reformhaus)

Die Birnen schälen, vierteln und in dünne Scheiben schneiden. Mit Stevia und Apfelsaft in einer Pfanne kurz andünsten, dann in einem Sieb abtropfen lassen.
Die Sultaninen (falls eingelegt, gut abgetropft) mit den gemahlenen Mandeln unter die Birnen mischen.
Den Blätterteig dünn ausrollen und Quadrate von etwa 10 cm Seitenlänge schneiden. Auf jedes Teigstück einen Esslöffel Birnenkompott geben.
Die Teigränder mit Wasser bestreichen, zusammenklappen und gut andrücken. Den Teig quer mehrere Male mit einem scharfen Messer einschneiden.
Die Teigtaschen auf ein mit Backpapier belegtes Blech legen und in der Mitte des auf 200 Grad vorgeheizten Ofens etwa 20 Minuten backen.

Tahinsauce

Sesampüree

4 EL Tahin, weiß
(Reformhaus oder Naturkostladen)
ca. 6 EL Apfelsaft
etwas Vanillemark (aus einer Vanilleschote gekratzt)

Alle Zutaten in eine Schüssel geben und mit dem Schneebesen zu einer glatten Sauce verrühren.

Tipp:
Passt gut zu allen Früchtedesserts.

Vanillesauce

½ l Reismilch
1 Vanilleschote
3 EL Hirsemehl (2 EL Körner, gemahlen)
1 EL Honig
evtl. einige Tropfen Stevia

Die Reismilch mit der Vanilleschote und dem Hirsemehl aufkochen und 10 Minuten leicht köcheln lassen.
Vom Herd nehmen. Mit dem Honig und eventuell noch etwas Stevia (oder auch nur mit Stevia) süßen und gut umrühren. Bis zum Gebrauch immer wieder umrühren, damit sich keine Haut bilden kann.

Tipp:
Passt sehr gut zu Apfelstrudel, zum Hirse-Mohn-Pudding, zum Birnensalat oder einem anderen Fruchtsalat – oder einfach pur!

Kuchen und Gebäck

- Kuchen und Gebäck werden auch mit Dinkelmehl fein.
- Zur Abwechslung oder als Notlösung finden Sie im Reformhaus Gebäck aus gut verträglichen Zutaten, das jedoch meistens mit Honig oder Rohzucker gesüßt ist. Unbedingt die Menge reduzieren und davon nicht zu viel aufs Mal essen!
- Kuchen ohne Eier und ohne Zucker sind schwierig zu backen.
- In den folgenden Rezepten wird meistens Stevia und Zucker verwendet. Wenn Sie ein Rezept abändern und anstelle von Zucker Stevia verwenden möchten, müssen Sie die Flüssigkeitsmenge etwas erhöhen oder die Mehlmenge verringern.
- Stevia ist eine bereits von den Inkas verwendete Pflanze, deren Blätter einen Süßstoff enthalten. In Japan werden Süßgetränke und Glace mit Stevia gesüßt. Die Süßkraft der einzelnen Blätter variiert. Daher ist die Mengenangabe in den Rezepten als relativ zu betrachten. Es lohnt sich, den Teig vor dem Backen zu probieren und eventuell noch etwas nachzusüßen.
- Wenn zu viel Stevia verwendet wird, schmeckt es nach Lakritze.
- Künstliche Süßstoffe gelten allgemein als ungesund und werden in den Rezepten nicht verwendet.
- Auch Glasuren können schlecht verträglich sein.
- Bei Äpfeln Gala oder Golden Delicious verwenden, sie haben viel weniger Säure als die anderen Apfelsorten.

Hefegugelhopf

30 g Frischhefe
300 ml Reismilch oder Wasser
100 g Vollrohrzucker
75 ml Sonnenblumen- oder Olivenöl, leicht lauwarm
1 Ei
100 g Rosinen
¼ Zitrone, Saft und Schale
½ TL Salz
500 g Dinkelvollkornmehl oder Dinkelruchmehl (Type 1050)

Die Hefe in der Flüssigkeit auflösen. Mit allen übrigen Zutaten gut vermischen.
Den Teig zugedeckt an einem warmen Ort auf das Doppelte aufgehen lassen.
Den Teig in eine gefettete und bemehlte Gugelhopfform füllen und auf der untersten Rille im auf 180 Grad vorgeheizten Ofen etwa 45 Minuten backen.

Griechischer Zitronenkuchen

Für eine Cakeform von 24–25 cm Länge

75 g Mandeln
200 g Dinkelruchmehl (Type 1050)
100 g Gerstenmehl oder Dinkelmehl
2 gehäufte TL phosphatfreies Backpulver
1 Prise Salz
100 ml Birnendicksaft
3 Tropfen Stevia
100 ml Sonnenblumen- oder Olivenöl
130 ml Apfelsaft (evtl. etwas mehr)
1 unbehandelte Zitrone, abgeriebene Schale
½ Zitrone, Saft

Die ganzen Mandeln in einer Pfanne oder auf einem Blech bei 150 Grad im Ofen leicht rösten, auskühlen lassen und grob hacken.
In einer Schüssel Mehl, Backpulver, Salz und die Mandeln mischen.
Den Birnendicksaft zusammen mit Stevia, Öl, Apfelsaft, Zitronenschale und -saft schaumig rühren.
Zur Mehlmischung geben und sorgfältig zu einem Teig vermengen. Falls nötig, noch etwas Flüssigkeit dazugeben.
Die Cakeform fetten und den Teig sofort einfüllen.
Im auf 200 Grad vorgeheizten Ofen 30 Minuten backen.

Tipps:
Am besten schmeckt der Kuchen am zweiten Tag.
Dieser Kuchen ist ganz ohne tierisches Eiweiß.

Himbeer-Muffins

Für 12 Muffins

250 g Dinkelruchmehl (Type 1050)
3 TL phosphatfreies Backpulver
1 EL Steviapulver, grün
1 Prise Salz
1 EL geriebene Mandeln
1 Ei
1 unbehandelte Zitrone, abgeriebene Schale
50 ml Olivenöl
¼ l Reismilch
100 g Himbeeren

Alle Zutaten bis auf die Himbeeren mischen. Zuletzt die Himbeeren sorgfältig unterheben.
Den Teig in die Muffinförmchen füllen (unbeschichtete Förmchen zuvor fetten).
Bei Papierförmchen 3–4 Förmchen ineinander stellen (so halten sie die Form besser).
Im auf 180 Grad vorgeheizten Ofen 25 Minuten backen.

Tipp:
Je nach Saison können Sie auch andere Früchte verwenden. Sehr fein werden die Muffins mit Heidelbeeren.

Geriebener Teig für Kuchen (Wähen)

275 g Dinkelruchmehl (-graumehl)
¾ TL Salz
175 ml warmes Wasser
50 ml Olivenöl

Das Mehl mit dem Salz mischen.
Das Wasser mit dem Öl mischen und mit dem Stabmixer zu einer milchigen Flüssigkeit emulgieren.
Sofort unter das Mehl mischen und alles kurz zu einem Teig zusammenfügen. Nicht kneten!
Warm nach Rezept weiterverarbeiten.

Apfelwähe

Für ein Kuchenblech von 28 cm Durchmesser

400 g geriebener Kuchenteig (siehe Seite 145)
ca. 800 g Äpfel (Gala oder Golden Delicious)

Guss:
300 ml Reismilch
1 Ei (Freiland)
1 EL Mandelpüree
5 Tropfen Stevia
1 Prise Salz

Das Kuchenblech gut einfetten. Den Teig rund ausrollen und ins Blech legen. Den überstehenden Rand entfernen.
Die Äpfel schälen, in Schnitze schneiden und auf den Teig legen.
Für den Guss alle Zutaten miteinander vermengen.
Den Kuchen auf der untersten Rille im auf 250 Grad vorgeheizten Ofen 10 Minuten vorbacken, dann den Guss über die Äpfel verteilen und den Kuchen noch 15–20 Minuten fertig backen.

Apfelbrot

400 g Boskopäpfel
1 EL Steviapulver
125 g Sultaninen
60 g Mandeln, grob gehackt
1 Prise Zimt
1 Prise Nelkenpulver
knapp 50 ml Apfelsaft
250 g Dinkelruchmehl (Type 1050)
¾ Beutel phosphatfreies Backpulver (Reformhaus)

Die Äpfel schälen und an der Röstiraffel grob reiben. Mit dem Steviapulver mischen und kurze Zeit zugedeckt ziehen lassen.
Die Sultaninen, die gehackten Mandeln, Zimt und Nelkenpulver zusammen mit dem Apfelsaft daruntermischen. Das Mehl unterheben und alles gut vermengen. Falls nötig, noch etwas mehr Mehl (ca. 1 EL) zugeben.
Eine Cakeform mit Backpapier auslegen und den Teig einfüllen. Auf der untersten Rille im auf 180 Grad vorgeheizten Ofen etwa 65 Minuten backen.

Bananen-Nuss-Kuchen

Für eine Springform von 24 cm Durchmesser

2–3 reife Bananen
2 EL Sonnenblumenöl
70 g Vollrohrzucker
¼ EL Steviapulver, grün
1 EL Rahm
2 EL Wasser
2 Eier
½ TL phosphatfreies Backpulver
250 g Dinkelruchmehl (Type 1050)
¼ TL Salz
100 g Mandeln, grob gehackt

Zum Belegen:
1–2 Bananen
einige Tropfen Zitronensaft

Die Bananen mit der Gabel zu einem Mus zerdrücken. Öl, Vollrohrzucker, Steviapulver, Rahm, Wasser und Eier beifügen und gut verrühren. Das Backpulver, das Mehl, das Salz und die gehackten Mandeln unter die Bananenmasse heben.
Die Springform fetten und mehlen. Die Kuchenmasse einfüllen. Die Bananen halbieren oder vierteln und als Garnitur darauf verteilen, mit Zitronensaft beträufeln.
Den Kuchen auf der untersten Rille des auf 200 Grad vorgeheizten Ofens etwa 35 Minuten backen.

Birnen- oder Apfel-Roggen-Kuchen

Für ein Kuchenblech
von ca. 26 cm Durchmesser

100 g Roggen, fein gemahlen
100 g Mandeln, gemahlen
150 ml Sonnenblumenöl
50 ml Olivenöl
1 EL Birnendicksaft
½ EL Steviapulver, grün
50 g Sultaninen, ungeschwefelt
1 unbehandelte Zitrone,
abgeriebene Schale
ca. 50 ml Apfelsaft
300 g Birnen oder Äpfel,
an der Röstiraffel grob gerieben
1 Prise Kardamom
1 Prise Nelkenpulver
½ TL Zimt
1 Prise Salz

Alle Zutaten mischen.
Das Kuchenblech gut fetten. Die Masse (sie darf nicht zu trocken sein, falls nötig, noch etwas Apfelsaft zugeben) hineinfüllen und glatt streichen.
Nach Belieben mit wenig Rahm bestreichen.
Den Kuchen auf der untersten Rille des auf 180 Grad vorgeheizten Ofens etwa 30 Minuten backen.

Dreikönigskuchen

250 g Dinkelruchmehl (Type 630)
250 g Dinkelmehl, hell
15 g Hefe
1 TL Salz
60 g Butter, flüssig
100 ml Crème fraîche, mit 200 ml Wasser gemischt
½ EL Steviapulver, grün
nach Wunsch einige ungeschwefelte Rosinen

Vorteig:
Die beiden Mehlsorten mischen. Von der Mischung 100 g abnehmen, die Hefe dazubröckeln und mit etwas lauwarmer Crème-fraîche-Wasser-Mischung zu einem Teig verrühren. Aufgehen lassen, bis der Teig Blasen wirft (ca. 15 Minuten).

Teig:
Das restliche Mehl, Salz, die flüssige Butter, die restliche Crème-fraîche-Wasser-Mischung und das Steviapulver mit dem Vorteig vermengen und etwa 10 Minuten zu einem glatten Teig kneten (wegen dem Stevia wird eventuell etwas weniger Mehl benötigt). Den Teig an einem warmen Platz auf das Doppelte aufgehen lassen. Vor dem Formen, falls verwendet, die Rosinen einkneten.

Zum Formen aus zwei Dritteln des Teigs Kugeln formen, in eine davon einen König aus Plastik (beim Bäcker erhältlich) oder eine weiße Bohne stecken. Das verbleibende Drittel Teig als Mittelteil in eine gefettete Springform setzen und die Kugeln darum herum verteilen, sodass sie sich leicht berühren. Nochmals 15 Minuten zugedeckt aufgehen lassen.
In der Mitte des auf 200 Grad vorgeheizten Ofens etwa 35 Minuten backen.

Lebkuchen

300 g Dinkelruchmehl (Type 1050)
½ EL Steviapulver, grün
1 EL Lebkuchengewürz
2 TL Hirschhornsalz oder
phosphatfreies Backpulver
75 ml Rahm-Wasser-Mischung
80 g Honig, flüssig, kalt

Das Mehl in eine Schüssel geben. Stevia, Lebkuchengewürz, Hirschhornsalz und das Rahm-Wasser mit dem Mehl vermengen.
Die Schüssel auf die Waage stellen und die benötigte Menge Honig direkt dazuwiegen.
Alles zu einem Teig zusammenkneten.
Er soll geschmeidig, aber nicht klebrig sein.
Über Nacht zugedeckt im Kühlschrank ruhen lassen.
Den Teig 30 Minuten vor dem Ausrollen aus dem Kühlschrank nehmen, nochmals durchkneten, dann auf bemehlter Fläche ½ cm dick ausrollen. Beliebige Formen ausstechen und auf ein Backpapier legen.
In der Mitte des auf 180 Grad vorgeheizten Ofens etwa 10 Minuten backen. Größere Lebkuchen etwas länger backen.

Sesamkonfekt

Ein ungebackenes Konfekt

4 getrocknete Feigen, geviertelt
4 getrocknete Pflaumen, geviertelt
8 Datteln, entsteint
50 g Rosinen
100 ml Apfelsaft
1 kleines Stück frischer Ingwer (ca. 20 g), geschält, fein gerieben
50 g geschälte, gemahlene Mandeln
50 g Kokosraspel
1 unbehandelte Zitrone, abgeriebene Schale
½ TL Lebkuchengewürz
ca. 50 g Sesamsamen

Die Früchte und Rosinen in einer kleinen Schüssel mit dem Apfelsaft begießen und zugedeckt 2 Stunden marinieren.
Die marinierten Früchte im Blitzhacker (Cutter) sehr fein hacken. Mit dem geriebenen Ingwer, den Mandeln, den Kokosraspeln, der Zitronenschale und dem Lebkuchengewürz vermischen. Die Masse zu einer 2 cm dicken und etwa 50 cm langen Rolle formen und 1 Stunde in den Kühlschrank stellen.
Die Rolle in 2 cm dicke Scheiben schneiden und diese in den Sesamkörnern wenden.

Feigenschnitten

250 g getrocknete Feigen, klein geschnitten
200 ml Wasser
½ EL Steviapulver, grün
abgeriebene Zitronenschale
50 g Mandeln, gehackt
4 EL Kokosraspel
80 ml Sonnenblumen- oder Olivenöl
70 g Birnendicksaft oder Agavendicksaft
3 Tropfen Stevia
½ TL Salz
200 g Dinkelvollkornmehl oder -ruchmehl (Type 1050)
ca. 150 g feine Dinkelflocken

Die Feigen mit dem Wasser köcheln lassen, bis ein dickes Mus entsteht (5–10 Minuten).
Das Steviapulver beifügen und gut umrühren.
Zitronenschale, Mandeln und Kokosraspel darunternischen und abkühlen lassen.
Das Öl und den Birnen- oder Agavendicksaft mit dem Stevia in einer Schüssel verrühren.
Salz und Mehl daruntermischen. Die Dinkelflocken nach und nach dazugeben, bis ein krümeliger Teig entsteht.
Eine rechteckige Kuchenform (ca. 20 x 30 cm) fetten. Die Hälfte des Teigs von Hand in der Form verteilen und etwas glatt streichen.
Die Feigenmasse daraufstreichen und mit dem restlichen Teig zudecken.
Auf der zweituntersten Rille des auf 180 Grad vorgeheizten Ofens etwa 30 Minuten backen.
Noch heiß in Rechtecke schneiden, aber bis zum Abkühlen in der Form lassen.

Spitzbuben

250 g Butter
50 g Vollrohrzucker
½ EL Steviapulver, grün
1 Prise Salz
2 TL Vanillepulver
350 g Dinkelmehl, hell (Type 630)

Die Butter mit dem Zucker geschmeidig rühren.
Stevia, Salz, Vanillezucker und das Mehl darunter mischen, leicht zusammenkneten und 30 Minuten kühl stellen.
Den Teig 2 mm dick ausrollen und runde Plätzchen ausstechen.
In der Mitte des auf 200 Grad vorgeheizten Ofens 8–10 Minuten backen.

Tipps:
Wegen dem Stevia eventuell etwas weniger Mehl nehmen oder einige Tropfen Wasser unter den Teig kneten.
Für Sofortgebrauch können Sie die Spitzbuben mit selbst gemachtem Zwetschgenmus bestreichen und zusammenkleben.

Halvahkugeln

3 EL Sultaninen
4 Feigen, klein geschnitten
100 ml Apfelsaft
oder leichter Kräutertee, kalt
600 ml Wasser
200 g Dinkelgrieß
10 Datteln, klein geschnitten
50 g Mandeln, grob gehackt
2 EL Sesamsamen
2 EL Sonnenblumenkerne
1½ EL Honig
½ unbehandelte Zitrone, abgeriebene Schale
Kokosflocken

Die Sultaninen und die klein geschnittenen Feigen im Apfelsaft oder Kräutertee einweichen.
Das Wasser zum Kochen bringen. Den Dinkelgrieß im Strahl einrühren und kurz aufkochen. Bei ausgeschalteter Herdplatte zugedeckt aufquellen, dann erkalten lassen.
Den Grießbrei mit allen Zutaten bis auf die Kokosflocken mischen.
Kokosflocken auf einen Teller geben. Aus der Grießmasse nussgroße Kugeln formen und in den Kokosflocken wenden.
Haltbarkeit: etwa 2 Tage im Kühlschrank.

Tipp:
Dieses Konfekt eignet sich sehr gut für eine Kindergeburtstagsparty.

Sauerrahmplätzchen

250 g Dinkelmehl, hell (Type 360)
4–5 EL Crème fraîche
1 TL Vanillepulver
¼ TL Salz
200 g Butter, in kleine Stücke geschnitten, oder 200 ml Olivenöl

Das Mehl in eine Schüssel sieben und in die Mitte eine Vertiefung eindrücken. Alle übrigen Zutaten in die Vertiefung geben und mit Mehl bedecken.
Von der Mitte aus alles schnell zu einem glatten Teig verkneten. In Klarsichtfolie gewickelt 30 Minuten kühl stellen.
Den Teig auf einer bemehlten Arbeitsfläche ½ cm dick ausrollen. Mit einem Ausstecher Plätzchen von etwa 3 cm Durchmesser ausstechen und auf ein mit Backpapier belegtes Blech legen.
In der Mitte des auf 180 Grad vorgeheizten Ofens 15 Minuten backen.

Tipps:
Da die Plätzchen gesalzen sind, können sie auch als Aperitifgebäck gereicht werden.
Vor dem Backen leicht mit Wasser bestreichen und mit Kümmel, Mohn oder grobem Salz bestreuen.
Dieses Gebäck eignet sich nicht bei Milchfettunverträglichkeit.

Sablés

175 g Butter
30 g Vollrohrzucker
10 Tropfen Stevia
1 Prise Salz
½ TL Vanillepulver
250 g Dinkelmehl, hell (Type 630)

Die Butter schaumig rühren. Zucker, Stevia, Salz und Vanillepulver daruntermischen.
Das Mehl beigeben und alles rasch zu einem Teig zusammenfügen. Zu Rollen formen und 30 Minuten kühl stellen.
Die Rollen in 4 mm dicke Plätzchen schneiden.
Im oberen Drittel des auf 200 Grad vorgeheizten Ofens 10–15 Minuten backen.

Zitronen-Mandel-Stäbchen

125 g weiche Butter
60 g Zucker
2 Tropfen Stevia
1 TL Vanillezucker
1 Prise Salz
1 unbehandelte Zitrone, abgeriebene Schale
1 Ei
200 g Dinkelruchmehl (Type 1050) oder Dinkelmehl, hell (Type 630)
½ TL phosphatfreies Backpulver
100 g geschälte gemahlene Mandeln

Butter, Zucker, Stevia, Vanillezucker, Salz, Zitronenschale und Ei mit dem Rührgerät zu einer cremigen hellen Masse rühren.
Das Mehl mit dem Backpulver und den Mandeln mischen. Löffelweise zur Buttermasse geben und alles rasch zu einem glatten, geschmeidigen Teig zusammenfügen.
Mindestens 1 Stunde kühl stellen.
Den Teig portionenweise auf einer leicht bemehlten Arbeitsfläche zu etwa 3–4 cm dicken Rechtecken auswallen. Mit einem Teigrädchen etwa 1 cm breite und 4 cm lange Stäbchen schneiden. Mit genügend Abstand auf ein mit Backpapier belegtes Blech legen.
Auf der zweituntersten Rille des auf 180 Grad vorgeheizten Ofens etwa 10 Minuten backen.

Literaturhinweise

Zur Behandlung von ADHS mit psychotherapeutischen Therapien gibt es eine Flut von Büchern, zur Behandlung mithilfe der Ernährung aber nur wenige. Die neuesten Publikationen dazu sind die folgenden:

Frei, Heiner: Die homöopathische Behandlung von Kindern mit ADS/ADHS. Ein systematisches Therapiekonzept, Karl F. Haug Verlag 2009

Iatroudakis, Michael: Omega 3. Die wiederentdeckte Fettsäure gegen Herz-Kreislauf-Erkrankungen, Alzheimer, Depressionen, Arthrose, ADHS und Entzündungen, CreateSpace Independent Publishing Platform 2014

Klammrodt, Friedrich: Unkonzentriert, Aggressiv, Überaktiv. Ein Problem der Erziehung oder Ernährung? Verlag Grundlagen und Praxis 2009

Mosetter, Kurt: Kindgerechte Ernährung bei ADHS, GU Gesund Essen 2013

Weitere, in diesem Buch erwähnte Bücher:

Calatin, Anne: Kursbuch Eltern. Das hyperaktive Kind. Ursachen, Erscheinungsformen und Behandlung, Heyne 2001

Biber, Vera: Hilfe, mein Kind ist unerziehbar! Leben mit einem hyperaktiven Kind. Erfahrungen und Ratschläge, Verlag Hartmut Becker 1999

Rau, Uta: Tips zur Ernährung von hyperaktiven Kindern. Aminosäuren, Mineralstoffe, Vitamine, VAK 1999

Clausnitzer, Christel: Bachblüten für Konzentrationsstörungen bei Schülern. Ursachen, Erkennung und Behandlungsmöglichkeiten, Clematis Verlag 2002

Ballinger, Erich: Lerngymnastik für Kinder. Kinesiologische Übungen im Kindergarten- und Schulalter, Droemer Knaur 1995 (vergriffen)

Hannaford, Carla: Bewegung – das Tor zum Lernen, VAK-Verlag 2013

Adressen

Elpos Schweiz, Verein für Eltern und Bezugspersonen von Kindern sowie für Erwachsene mit POS/AD(H)S: www.elpos.ch, Sekretariat: Affolternstrasse 125, 8050 Zürich, info@elpos.ch
Der Verein funktioniert nach dem Motto: Betroffene helfen Betroffenen.

ADHS Deutschland e.V., Selbsthilfe für Menschen mit ADHS, www.adhs-deutschland.de
Der Verein ADHS Deutschland arbeitet bundesweit mit dem Ziel, Betroffene, Eltern, Erzieher, Psychologen, Ärzte und Institutionen über Krankheitsbild, Therapiemöglichkeiten und Krankheitsverlauf der Aufmerksamkeitsdefizit- bzw. Hyperaktivitätsstörung aufzuklären.

Phosphatfreie Wurstwaren bekommen Sie teilweise im Naturkosthandel, im Bioladen oder in Spezialmetzgereien. Letztere finden Sie im Internet unter »phosphatfreie Wurstwaren«.

Rezeptverzeichnis

Frühstücksideen

Salate

Suppen

Fleischgerichte

Fischgerichte

Teigwaren, Reis, Getreide

Kartoffel- und Gemüsegerichte

Desserts und Süßspeisen

Brote, Brötchen, Kuchen und Gebäck